世界の人々をお迎えする「おもてなし」の心とスキル

水谷智美 著

セルバ出版

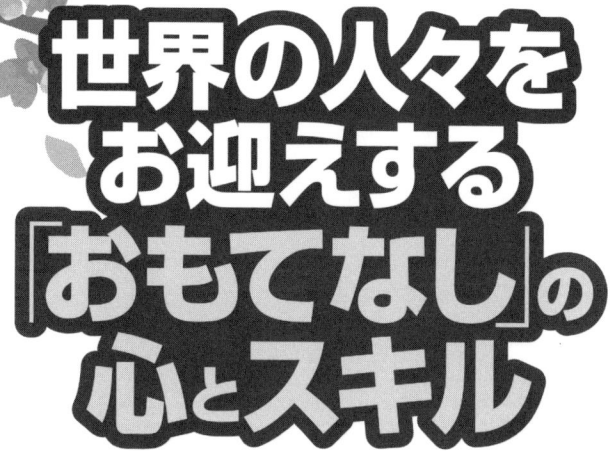

はじめに

日本を訪れる外国人の数は年々増加しており、２０２０年の東京オリンピック・パラリンピック開催時には、４０００万人を政府は目標に掲げています。

諸外国からのゲストをもてなす仕事に従事している方々はもとより、外国人と接することがほとんどなかった方も、その機会は格段に増えることでしょう。

ところが、「街で見知らぬ外国人に突然話かけられると困ってしまう」という人は少なくないようです。

「道を聞かれたら、どうしよう？」
「外国人が店に入ってきたら、どう対応すれば良いのだろう？」
そんな不安を抱えている方もいらっしゃるに違いありません。

でも、英語が話せなくても心配いりません。必要なのは、おもてなしの心です。

おもてなしの心は世界共通で、その大切なエッセンスは、「敬意、感謝の心をもって、相手に楽しんでいただこうという心遣い」なのです。

本書では、思いやりの心をこめたおもてなしとマナーについて、ごく基本的なことを中心に、実践的な例を挙げて解説していきます。ホテルや旅館、デパートやブティック、飲食店、運輸交通機関などで働く方々をはじめとして、主婦の方や学生さんなど、皆様の実生活に役立てていただけます。また、世界に通じるビジネスマナーを知りたい方、外国人とお友達になりたい方にも、ぜひお読みいただきたい内容です。

これさえ身につければ、外国の方に対しても、日本人同士でも、常に堂々と、エレガントに応対して、素敵なコミュニケーションができるようになります。その結果、あなたが出会う人々に喜びと満足感を感じていただくとともに、あなたを取り巻く「世界」がぐんと広がり、さまざまな可能性が拓かれていくに違いありません。おもてなしの心とマナーは、あなたの未来を変えるかもしれないのです。

平成27年9月

水谷　智美

世界の人々をお迎えする「おもてなし」の心とスキル　目次

第2章　信頼されるマナー

第3章　その場その場での心地よいおもてなし

プロローグ　「おもてなしの心」とあなたの未来

あなたのマナーはそれで大丈夫?

日本を訪れる外国人は年々増え続けています。2016年には、過去最高の2403万9千人が来日しました。さらには、前述のとおり、2020年東京オリンピック・パラリンピック開催時には4000万人が大挙して押し寄せると予想されています。(注1)

その一方で、日本には外国語に通じた人が少ないなど、受け入れ体制の不備が心配されています。

日本語だけの案内表記、狭くて使いにくい設備、複雑でわかりにくい交通システムなど、外国の方々にも心地よく安心して過ごしてもらうために、ぜひ改善したい課題も数々あります。

また、日本人同士では気にならないことでも、外国人には通用しないしぐさや立ち居振舞いも多く見受けられます。

外国人と接する皆さんは、日々大変な努力をしていらっしゃることと思います。

しかし残念ながら、世界をもてなすマナーには勘違いや思い込みがまだまだ多いというのが現実です。

決め手は「おもてなしの心」

日本には変化に富む自然があり、溢れるほどの豊かな商品、美味しい食べ物、高品位のサービス、治安の良さなど、世界に誇ることができるものが数々あり、大変魅力的な国です。

こうした魅力のすべてを外国人のお客様に楽しんでいただくために、今何が求められているのでしょう？

私たちがどのように応対すれば、日本を訪れた方々に満足して帰っていただけるのでしょう？

決め手となる解決策があります。それは「おもてなしの心」です。

国際オリンピック委員会（ＩＯＣ）でのプレゼンテーションにおいても、「おもてなし」という言葉はとても印象的で、東京が選ばれる一つの決め手となったともいわれています。

「おもてなし」とは何かといえば、見返りを求めず、敬意、感謝の心をもって、相手に楽しんでいただこうという心遣いなのだと私はとらえています。

ストレスを軽くし、人生を楽しむために

肌や目、髪の色だけではなく、生活習慣、宗教、価値観などが異なる外国の方々と会話や仕事をするのは、お互いに少なからずストレスになります。

日本国内でビジネスやご商売をしている方々にとっても、外国からのお客様にどのように接すれば良いかという問題は、日に日に重みを増しています。

そんなストレスを軽くし、お互いに気持ちよくおつきあいをしていくうえで、重要な役割を果たすのがマナーです。

マナーとおもてなしの基本は、相手を思いやる心です。外国語ができるかどうかは、二の次だといって過言ではないでしょう。

お客様を大切にするということ

以前、私がオフィスワークを始めたばかりの頃のことです。外資系の会社で受付の仕事をしていたのですが、ある日、アメリカ人の白いヒゲの紳士が会社においでになりました。そして担当者との面談が終わって受付を通るとき、壁に掛かっている当社のカレンダーに目をとめ、

「このカレンダー、いいね。一ついただけないかな?」

と、おっしゃいました。ところがこのとき、カレンダーの在庫を切らしていました。そのことをお伝えして丁寧にお詫びしたのですが、とても残念そうでした。

その一週間後、同じ紳士がまたいらっしゃったのです。

お名前がM氏だということは、前回来社された際に覚えていました。そこで私は、M氏が面談を終えて受付を通られたとき、声をお掛けしました。

「お呼び止めして恐れ入ります、M様。先日は切らしていたカレンダーを取り寄せましたので、どうぞお持ちください」

M氏はちょっと驚いたご様子でしたが、「あなたはそんなことを覚えていてくれたんだね。ありがとう」と喜ばれ、カレンダーを大事そうに抱えて持ち帰られました。

マナーの良さは業績アップに直結

後日、そのM氏と当社との商談が無事成立したと、受付の私にまで上司から知らせがありました。

M氏が社長に、「あなたの会社の受付はとてもいいね。心遣いができている」と褒めてくださったのだそうです。

これは私のささやかな経験ですが、相手の立場に立ち、何をすれば喜んでいただけるかを考え、さり気なく心遣いを示すことによって、お互いの関係が良くなり、会社の業績アップにもつながる例として、ご紹介させていただきました。相手にとって何が必要かを常に考えていると、とっさの判断ができ、自然に行動できるようになります。

堂々と振舞ってエレガントなおもてなし

もてなす相手が誰であっても、これ見よがしに丁重な言葉遣いをしたり、へりくだったりするのではなく、「お互い同じ人間、対等の立場」と、堂々とした姿勢で接することが大切です。堂々と振舞うからこそ、エレガントなおもてなしができます。

そのうえで、相手に対する思いやりをさり気ない方法で示すことこそ、スマートで洗練されたおもてなしだといえるでしょう。

30カ国の同僚と一緒に働くということ

外資系企業での勤務を終えた後、私は東京・青山の、国連大学という国連の研究機関で11年間働いていました。

約30カ国から集まったスタッフとともに、エグゼクティブ・セクレタリーとして働き、国際会議やレセプションでは、80カ国以上の外交官や研究者、学生のみなさんをお迎えしていました。

国連機関で働くという経験をして、まず驚いたのは、様々な人種の人々が同じ職場で働くとき、お互いの価値観を尊重し合っているということでした。

国が違えば習慣も違います。たとえば、イスラム教徒のインドネシア人の研究員は、毎日決まった時間になると、自分のオフィスのドアを閉めてお祈りを始めます。その間は、電話はもちろん、ミーティングにも出ません。私たち同僚は彼女のお祈りが終わるのを待って、打ち合わせやミーティングを始めたりするのです。

食事の習慣も違います。上司や同僚と一緒にインド料理の店に行ったときには、インド人の上司から何度も、「左手を使って食べないように」と注意されていました。

その代わりに、そのインド人の上司は箸を上手に使って日本料理を食べられるようになりました。今では箸の使い方を、友人にレクチャーしているそうです。

多様な価値観を認め合うこと

その後、私はオーストリア・ウィーンやドイツ・ムルナウなど、ヨーロッパ各地で暮らす経験を通じて、あらためて学んだことがあります。それは、世界中どこへ行っても、人間は本質的に皆な同じなのだということです。

肌の色、生活習慣、価値観など、様々な違いがあるのは自然なことです。その多様性を認め合ってはじめて、相手に対する敬意と感謝の心が生まれます。

それによって、相手に楽しんでいただこうという心遣いも生まれ、おもてなしの心で接することができるようになります。

言葉に頼らなくても思いは伝わる

思いを言葉で伝えることも大切ですが、言葉に頼らなくても思いを伝えることはできます。たとえば笑顔です。

「ようこそ、日本へ。楽しんでくださいね。仲良くしましょうね」という歓迎の気持ちがあれば、顔の表情も自然に明るくなり、笑みがこぼれます。作り笑いではなく、心からの笑顔が発するメッセージは万国共通で、言葉以上のものを伝えてくれます。

使用言語が異なり、価値観も多種多様に異なる人々がお互いにコミュニケーションをとる際に、まずは笑顔で、おもてなしの心を全開にして接すると、快い潤滑剤となります。

マナーの予習も大切

重要ゲストに対してはもちろんのこと、その方の周囲の人々への思いやり、心遣いを大切にしていきましょう。そうすると、ここぞという大事な場面で、あるいはトラブル発生時などに、多くの人のサポートを得ることができるでしょう。これは何より力強い助けとなり、身を守る武器ともなります。

相手が日本人でも外国人でも、どのようなことを喜び、どのようなことを嫌がるのかという点について、あらかじめ知っておくことも大切です。外国の方をもてなすのにあたり、そうした予備知識は欠かせません。

そこで本書では、日本で出会う人々の国や地域の言語、習慣、宗教、タブーなど、ぜひとも理解しておく必要のある情報を一覧表にまとめ、巻末付録としました。ぜひバッグの中やレジの横にしのばせて、ご活用ください。

幸運と良縁を呼ぶマナーとおもてなし

「おもてなしの心」を表現できるようになると、人間関係がスムーズになり、雰囲気も良くなり、結果として売上や業績が良くなります。そして上司からもお客様からも感謝され、あなたの評価が上がります。

単に仕事がうまく行きだすというだけでなく、そのメリットははかりしれません。私の経験からも、また、これまでに出会った様々な方を見ていても、エレガントなマナーを身につけ、「おもてなしの心」を上手に表現できるようになると、次から次へと良いことの連鎖が始まるのです。

・笑顔が輝き、周囲も明るくなる
・品格と風格が増す（女性は美しく、男性はハンサムに）
・仕事でも家庭でも一目置かれるようになる

・周囲の誰からも好意を持たれる
・自然に素敵なご縁が広がる

というように、マナーができていれば、どこの国でも、「心配りのできる人」として好意を持たれ、尊敬されます。

さらに、おもてなしの心で接することで、初対面の方や目上の方ともすぐに打ち解け、楽しい会話が弾むようになっていきます。

そうした良い変化によって新たな出会いの輪が広がっていけば、幸運をつかむチャンスはぐっと増えるはずです。

マナーとおもてなしの心一つで、あなたの人生が劇的に変わる可能性があります。それは決して夢物語ではなく、現実に私たちの身の周りで起きていることです。

これまではお付き合いが日本人同士に限られていたという方も、広く世界に目を向けて、ワールドワイドな人間関係を築いていくと、人生はますます楽しく充実したものになっていくでしょう。

（注1）日本政府観光局（ＪＮＴＯ）「２０１６年訪日外客数」より

第1章　おもてなし基礎の基礎

1　お客様は不安だらけ

恐れや不安をなくす

買い物でもしようかな、と街をぶらぶら歩いているときに、いきなり外国人が現れ、声を掛けてきたら、あなたはどうしますか？

見慣れない顔立ちの大きな人が、なんだか一生懸命に話している、どうしよう。英語なんてほとんど使ったことないし・・・。

そんな場合に備えて、外国人に対する恐れや不安をなくしておくと安心です。そして、言葉は肝心のところだけ通じればそれで十分です。

声を掛けられて、パニックにならない方法

知らない外国人に声を掛けられ、あわててパニック寸前、頭が真っ白になってしまったとしたら？　出てくる言葉は「No, No!」だけ。おまけに、「ダメダメ」と顔の前で手を振ったりして、逃げ出してしまう、ということもあるかもしれません。

外国人にいきなり話かけられると、いったいどうすれば良いのだろうと、不安な気持ち

になってしまいがちです。

でも実は、相手の外国人も不安でいっぱいのはずです。慣れない日本で道に迷って、約束の時間も迫っているし、わらにもすがる思いで道を尋ねたのかもしれません。

そんなときに「No, No!」なんて言われて拒絶されたら、「何か悪いことをしたかな?」と、ますます不安になってしまうでしょう。

私たち日本人の不安、そして相手の外国人の不安を取り除くには、「緊張しない」「拒否しない」ということが大切です。

まず笑顔、次にアイコンタクト

緊張しないようにするには、まずはニッコリと微笑み、笑顔で相手の顔を見ましょう。それだけで、相手もあなたも気持ちに余裕ができるはずです。余裕ができたところで、相手の目を見るようにしましょう。

日本人は、人の顔や目を真正面から見て話すことに慣れていません。目上の人を正面からまじまじと見てはいけないとか、伏し目で話すことが謙虚さの表れだと教えられてきたからでしょう。

しかし、外国人と話す際には、この謙虚さは逆効果となります。

人の目を見るのが苦手な日本人

相手の目を見て話をしようとしないのは、外国人にはとても居心地が悪く感じられます。「なぜ私から目をそらすのだろう」「この人は、何か後ろめたいことでもあるのだろうか」「私のことが嫌いなのか」と不審に思ってしまうのです。

目を見て話すことが苦手だとしても、できるだけ正面から見るようにして、相手の鼻か、額などに目を向けるようにすると、相手側は、きちんと目を見て真剣に話をしてくれていると受け止めます。外国人と話すときは、目を見ることを心がけると、安心感と信頼感がぐんと増します。でも実は、これは簡単そうで、なかなかすぐにはできません。

家にいるときに、鏡を見ながら笑顔の練習をしてみてください。上の列の歯が最低でも8本見えるようにニッコリ笑い、楽しいことを想像して、目も心から笑っているようにすることが大切です。

そして、鏡の中の自分の目を見ながら、話をしてみましょう。

苦手意識や恥ずかしさがだんだん薄れて、にっこりしながら目を見て話すことに慣れてきます。

これを習慣にすると、さらに自然な笑顔で話すことができるようになります。

相手の目を見て「Yes?」と言おう

笑顔とアイコンタクトができるようになったら、相手から目を離さずに、「Yes?」と言ってみましょう。

「Yes」は世界中の誰もが知っている言葉です。できれば、「Yes?」と語尾をちょっと上げるようにしてみてください。

語尾を上げることにより、「何か私にお手伝いできますか？」というニュアンスになります。

この一言で、相手の外国人はホッと安心し、あなた自身もぐっと気が楽になるに違いありません。

「Yes」の一言は、人を安心させる魔法の言葉かもしれませんね。

2　信頼関係は心のこもった挨拶から

インターナショナルホテルのコンシェルジュ

私の古くからの友人Nさんは、某大手企業を約2年で退職し、都内のある有名ホテルに転職しました。それから20年の月日が経った今、彼は今ホテルのフロントで責任あるポジションに就き、コンシェルジュの業務も兼任しています。

そのホテルは外国人観光客やビジネスマンの利用率が高く、フロント周辺からロビー一帯にかけては、髪の色も目の色も異なる人々が、ひっきりなしに行き交います。

さらに、様々な国の言葉が賑やかに飛び交って、まさにインターナショナルホテルという雰囲気です。

Nさんは学生時代から英語が得意でしたが、ホテルマンになってからは、ドイツ語、イタリア語、中国語、ハングルも少しずつ覚え、ホテル業務に必要不可欠とされる範囲の言葉は難なく操れるようになったそうです。そうした語学力と向上心を見込まれ、キャリアアップしていったのでしょう。

Nさんの下積み時代

と書くと、いかにもトントン拍子で出世したように思われるかもしれませんが、彼にも下積みの時代がありました。ホテルマンになった当初はベルボーイの見習いでした。来る日も来る日も、重いスーツケースをお客様のお部屋へ運ぶだけ。肉体労働のような仕事から始めて、ホテル業務全般を自力でマスターしていった苦労人なのです。

そんなNさんの下積み時代のエピソードを紹介しましょう。彼がどのようにして「おもてなし」の極意をつかんでいったかがうかがわれて、とても興味深いのです。

笑顔で十数カ国語を操るベルボーイ

ベルボーイの仕事に就いたNさんがお客様の荷物を運ぶとき、どんな工夫をしたかといえば、それは「笑顔」と「挨拶」でした。

たとえば、朝の挨拶は、

日本人のお客様に対してはもちろん、「おはようございます」

アメリカ人やイギリス人には「グッドモーニング」(Good morning.)

フランス人には「ボンジュール！」(Bonjour!)

ドイツ人には「グーテンモルゲン！」(Guten Morgen!)

インドネシアからのお客様だとわかると、「スラマッパギ」(Selamat pagi.)
外国語の挨拶は、辞書を引きながら、一つずつ覚えていきました。やがて、十数カ国の「こんにちは」「いらっしゃいませ」「ありがとうございます」「さようなら」を覚え、使いこなせるようになっていきました。

片言どころか、たった一言の挨拶に過ぎないのですが、お客様からの評判はとても良く、それが上司にも伝わって、ベルボーイからいきなりフロント業務に抜擢されたとのことです。

もちろん、フロントの業務に就いてからも、学ばなければならないことはたくさんあったでしょう。でもNさんは、一流のホテルマンになることが夢で、やりがいを感じていたので、苦労だと思ったことはないそうです。好きな仕事をイキイキとこなしているその姿はとても爽やかで、私も会うたびに元気づけられます。

たった一言の挨拶で親しみがわく

ベルボーイ時代に、各国の挨拶を積極的に覚えようとしたきっかけについて、Nさんはこう語っています。

「僕自身、貧乏旅行だったけど学生時代にいろいろな国をまわったんだよ。ホテルやレ

ストランで『コンニチハ』なんて日本語で挨拶されると、とても嬉しかった。とたんに親しみがわいて、来てよかったと思ったよ。挨拶には、そういう効果があるんだね。

だから僕も、ごく軽い気持ちで始めたことなんだけど、それが意外にもお客様から反響があるので驚いてしまったよ。

ただ一言、こんにちはと挨拶をする。すごく簡単なことなのに、外国人のお客様はとても喜んでくれる」

読者の皆さんも、ぜひこのＮさんのように、お客様の国の言葉で挨拶してみませんか。

外国からのゲストをもてなす仕事に従事している方々には特に、その効果を実感していただけると思います。

3　外国語を話すときは恐れなくていい

頭で考えると緊張する

「Hello!」と声を掛け、「Hi!」と返ってくる。ここまではいいのですが、

「次に何を言われるのだろう?」

「どう返事をすればいいかしら?」

などと考えだすと、いやでも緊張してしまいます。

だからといって、声を掛けるのをやめてしまうのは、あまりにもったいないことです。ハローの一言がきっかけで、思いのほか話が弾み、お互いに楽しいひとときを過ごせるかもしれないのです。

英会話ができなくても話はできる

たとえば朝、外出先の会社やホテルのエレベーターで外国人と乗り合わせたとしたら、あなたが知っている英語に、日本語を交えて話してみましょう。日本語と英語をミックスして話せば、思ったよりもずっと気楽に話をすることができます。

「Hello! いいお天気ですね。Fine day! ご旅行を楽しんでいますか。Nice trip?」というようにすれば、自分でも驚くほどスラスラと英語が出てきます。

「英語は苦手だから」と決めつけてしまわずに、ほんの一言か二言でも口に出してみましょう。思い切って口にしてみると、「私にもできた！ やってみれば簡単なことだった」と自信が持てます。

相手から答えが返ってきたら、笑顔でにっこりしましょう。気分よく言葉を交わし、気分よく別れる、ということができれば大成功です。

欧米人なら誰でもカッコいいのか？

私自身を含め、日本人の大多数は、欧米人や欧米社会に対してコンプレックスを感じているのかもしれません。「欧米人はカッコいい、優れている」と思わされてしまうような文化的「仕掛け」が、私たちの社会の至るところに潜んでいるせいでしょう。

雑誌を開けば、スタイルの良い金髪美人がファッショナブルな装いで、高級ブランドのバッグを手にしている広告写真がいくらでも目に入ります。

エグゼクティブの白人男性が、飛行機のファーストクラスでくつろぎながら、シャンパンを手にしている写真や映像も、私たちにはおなじみのものです。

さらには、日本のレストランや美容室なのに、看板の文字はなぜか英語だけ、壁に貼られたポスターの日本人モデルが読んでいるのは英字新聞、というのもよく見かけます。

「英語を話す欧米人はカッコいい！」と憧れをかきたてる「仕掛け」が至る所にあり、いつしか洗脳されているのかもしれません。

間違った英語は恥ずかしい？

そのため、欧米人のように英語が話せないのは恥ずかしいこと、間違った英語をしゃべるのはみっともないこと、と意識してしまうのではないでしょうか。

そして、欧米人を見ると、立場が上の人や憧れの人に接するように、緊張してしまうようです。

ましてや英語で話をしなければならない状況に直面すると、頭の中が真っ白になってしまう、というのも仕方のないことです。

しかし、冷静によく観察してみれば、カッコいい欧米人もいれば、そうでもない人もいるというのが現実です。英語やフランス語、ドイツ語、イタリア語など、欧米の言葉を使う人々が、ただそれだけでカッコいいとか偉いとかいうわけではないのです。

「白人優位主義」の思い込みをはずす

英語が母国語ではない私たちが、同じく英語を母国語としないアジアの人々と話をすることは、とても良い経験になります。

たとえばタイやマレーシアの人と英語で話をするときは、それほど緊張しないのではないでしょうか。英語は多少わかるが完璧ではない、という人同士であれば、会話の良いレッスンともなります。

なぜなら、お互いになんとかしてわかり合おうと一生懸命になるので、「英語ができないのは恥ずかしい」「格好よくしゃべりたい」という気持ちが消えるからです。「英語ができない人は能力がない。英語を自在に操ることができてこそ成功者」というような間違った思い込みから、一時的にでも解放されます。

「欧米人は優れている」という思い込みをはずして、妙な劣等感を捨てることで、あまりストレスを感じない状態で外国語を話すことができるようになっていきます。

わかろうとする努力が大事

外国人と会話をする際に一番大切なことは、「わかり合おうと一生懸命になること」です。

まず、相手が何を伝えようとしているのか、「注意深く聞く」ことが大切です。

一生懸命に聞いていてもよくわからない場合は、「Pardon me?」と言えば、もう一度繰り返してくれます。さらには、相手の人に紙に書いて説明してもらうとか、スマートフォンの電子辞書アプリケーションを使うなど、できるだけのことを試してみてください。

断ることも親切のうち

それでも理解できない場合は、「わからない」とお断りをして、相手の時間を無駄にすることのないようにしましょう。特に、アポイントメントのあるビジネスパーソンや旅行客にとって、時間を無駄にしたくないという思いは強いはずです。

そこで、早く応対をしなければと焦ってしまい、「たぶんこういうことだろう」と早とちりをしないように気をつけてください。相手の求めていることや目的がよくわからないまま、勝手な憶測で対応をすると、後でとんでもないことになってしまう恐れがあります。

言葉が異なる者同士なのですから、よく確かめ合って行動するようにしましょう。わからないことは「わからない」、できないことは「できない」と伝えましょう。それは、決して恥ずかしいことではないのです。

そんなときには、周囲にいる人の中から、語学ができる人を見つけるお手伝いをすると、きっと喜ばれるはずです。

4　堂々と接客すると心は伝わる

姿勢が良い人は印象も良い

接客業の方が自分の仕事に自信と誇りを持ち、堂々と振舞うことは、とても大切なことです。自信と誇りの感じられない接客態度では、お客様に「大丈夫かな？」と思われてしまいます。お買い上げいただけるはずのものも、「また今度にしよう」なんていうことになってしまうかもしれません。

では、どうすれば自信と誇りの感じられる、堂々とした接客ができるでしょうか。

それにはまず、背筋をピンと伸ばし、腹部を意識して真っ直ぐに立ち、姿勢を正しくすることです。猫背だったり、片足に体重をかけて立っていたりすると、「あの人、なんとなくだらしなさそう」と思われ、信頼感を損ねてしまうのです。

ほしいのは「素敵な商品と素敵な体験」

良い姿勢できびきびと働く店員さんやサービススタッフの方に応対してもらうと、とても気分が良いものです。つい「いい機会だから、これもいただくわ」ということにもなります。それで後々「買わなければよかった」と後悔するようなことは、めったにありません。気分よくショッピングや食事を楽しむことができると、いい思い出が胸に刻まれます。素敵なお店でいい買い物をした、とても親切な店員さんだった、という「素敵な商品と素敵な体験」こそ、お客様が何よりも求めているものでしょう。

顧客のハートをつかむ接客術

日本を訪れる外国の方々にとっては、日本で素晴らしい体験をすることが、旅の目的の一つです。そのために多額の出費をして、はるばる海の彼方から来てくださるのです。その期待に応えるためにも、あなたもぜひ、素敵な思い出づくりのお手伝いをしてください。

たとえ片言の英語であっても、「Hello!」「How are you?」の一言があれば、ぐっと親密度が増します。「あの店員さん、とてもフレンドリーで感じが良かった」と喜んでいただけるよう、つとめて笑顔で声を掛けるようにしていきましょう。

外国の言葉が完璧にわからなくても、たとえば日本料理を楽しもうとしている外国人のお客様に、お醤油の使い方を目の前で教えることができます。

お客様の分とは別に小皿を1枚用意して、その小皿にお醤油を注ぎ、刺身用のワサビを添えるなど、お客様の目の前でやってみると、喜ばれるはずです。自分の仕事に自信と誇りを持ち、堂々とした態度で接客に臨むというのは、こういうことだと思うのです。

「栃木県のある旅館の女将が、器用に箸を使って、とても親切に、刺身の美味しい食べ方を教えてくれた」という感想が、実際にＳＮＳを通じて広まっています。いい思い出を伝えるその情報を読んだ人々が、「私もそこへ行ってみたい」と足を運んでくださるかもしれません。

ごまかさないで、わからないことはわからないと言う

外国人のお客様にいろいろと質問された場合は、言葉のできるスタッフが対応できると良いのですが、やはり限界があります。

「神社では手をたたくのに、お寺では手を合わせるだけなのはなぜ？」と聞かれて、即座に答えられる人は多くはいないでしょう。

「よくわかりません」という返答でも、それで腹を立てる人はいないでしょうが、「よくわからないので調べてみます」と答えると、さらに喜ばれるでしょう。

今はインターネット検索により、あらゆることを調べられる時代です。予想外のことを外国人から尋ねられたら、いい機会だと思ってネット検索をしてみましょう。

無償の親切こそ、本物のホスピタリティ

旅行者風の外国人が地図を手に、ちょっと困ったような顔で道に佇んでいたとしたら、とりあえず日本語で「どうかなさいましたか」と声を掛けることをおすすめします。あなたのその口調から、何かお手伝いをしようとしていることが相手に伝わるはずです。

「どうかなさいましたか」

そこで相手がなんと言うか、よく耳を澄まして聞くようにしましょう。

「I'd like to go to Shinjuku Station.」

うまく聞き取れなかったとしても、地図で目的地を示してもらえば、間違いなくわかります。

「ああ、新宿駅へ行きたいのですね。Sinjuku Station?」

あなたがそう言うと、相手は頷くでしょう。

「この道を真っ直ぐ行って（Go strait.）、二つ目の角を（at the second corner.）、えーっと、右に曲がる (turn right.)」

このとき、「真っ直ぐ」や「二つ目」「右に曲がる」などはジェスチャーで示します。

というように、肝心の箇所さえ英語とジェスチャーで表現できれば、相手はきっとわかってくれます。

簡単な言葉で、わかりやすく説明するという意識をもって外国語に接していくと、思いのほか楽々と、言葉の壁を乗り越えることができます。

うまく説明できなくても、時間がある場合なら一緒に目的地まで行ってあげると、とても喜ばれます。

目的地に着くまでの間、あなたはいろいろな話をすることができるわけです。

無償の親切こそ、本物のホスピタリティです。

困っている外国人を見かけたら、ぜひ手助けすることにトライしてください。

5　誰でも差別には敏感に反応する

接客のプロが、お客様を見た目で判断するのはＮＧ

ホテル・旅館、カフェ・レストラン・居酒屋、デパート・スーパー・コンビニなど、どんな場所でも、従業員が顧客を選り好みするような応対をしていたら、お客様は不愉快な思いをするに違いありません。

身なりが良く、お金のありそうな人の前では大袈裟にへりくだり、あまり裕福そうに見えない人に対してはろくに取り合おうとしない、というのは、傍で見ていても気分の良いものではありません。

私はどちらかというとカジュアルな服装が好きで、大きなデパートへ行くときも、夏はＴシャツ、冬ならセーターとコットンパンツでということがよくあります。

そういう格好でデパートの売り場を歩いていると、気に入った品があって店員さんに声を掛けても、なぜか素っ気ない応対をされ、買わずに帰って来てしまったということが何度かあるのです。

外国人は差別に敏感

もしも私が高級レストランで食事をするのに、普段着で行ったとすれば、その場にふさわしくない服装をしているのですから、心から歓迎してもらえなくても文句は言えません。

けれども、ちょっとデパート巡りをするだけなら、精一杯のおしゃれをして行かなくても良いはずです。Ｔシャツの軽装だからといって、「どうせ、こんな商品買えないでしょ」といわんばかりの態度をとられたら、誰だって気分がよくありません。

ましてや、それが外国人ならば、ほんの些細な差別的行為にも、とても敏感に反応します。国籍や人種、肌の色、男女の性別、そして年齢などによって相手への態度を変えることは、差別と見なされ、社会的に糾弾される事態にまで発展することがあるのです。

名指しで非難されれば大変な事態に

そのことを知らずに、日本のデパートやブティック、レストラン、土産物店などでスタッフが、「外国人だから何を言ってもわからないだろう」と陰で噂をしたり、投げやりな態度で応じたりするのは、大変危険なことだといえます。

また、どう応対して良いかわからなくて、無視してしまうのも大変失礼なことです。

それは日本人や日本の社会全体に対するイメージダウンになるばかりでなく、外国人のお客様が帰国後、ネットを通じて名指しでその店を非難することもあり得るのです。

そうなれば、店の評判も信用も落ち、見る間に客足が遠のくというようなことにもなるかもしれません。

読者の皆さんも、海外旅行の際に訪れた高級ブランドブティックなどで、店員から冷たくあしらわれたとか、見下すような態度をとられたとか、嫌な思い出のある方もいらっしゃるかもしれません。

そのとき、どんな気持ちがしたかを思い出せば、間違っても外国から来たお客様に差別的な態度はとれないはずです。

日本全国を外国人が訪れる時代

日本には、京都や奈良をはじめとして、国内外の人々を惹きつける都市が数々あります。

次の地図は、訪日外国人の移動情報に特化したSNS解析サービスにより、訪日外国人の行動位置を分析して表示しています。これを見ていただくと、お客様の訪問先は日本全国にわたっていることがよくわかります。

今まで外国人とほとんど接することのなかったところにも、外国人が大挙して押し寄せるということが現実に起きています。

訪日外国人の位置

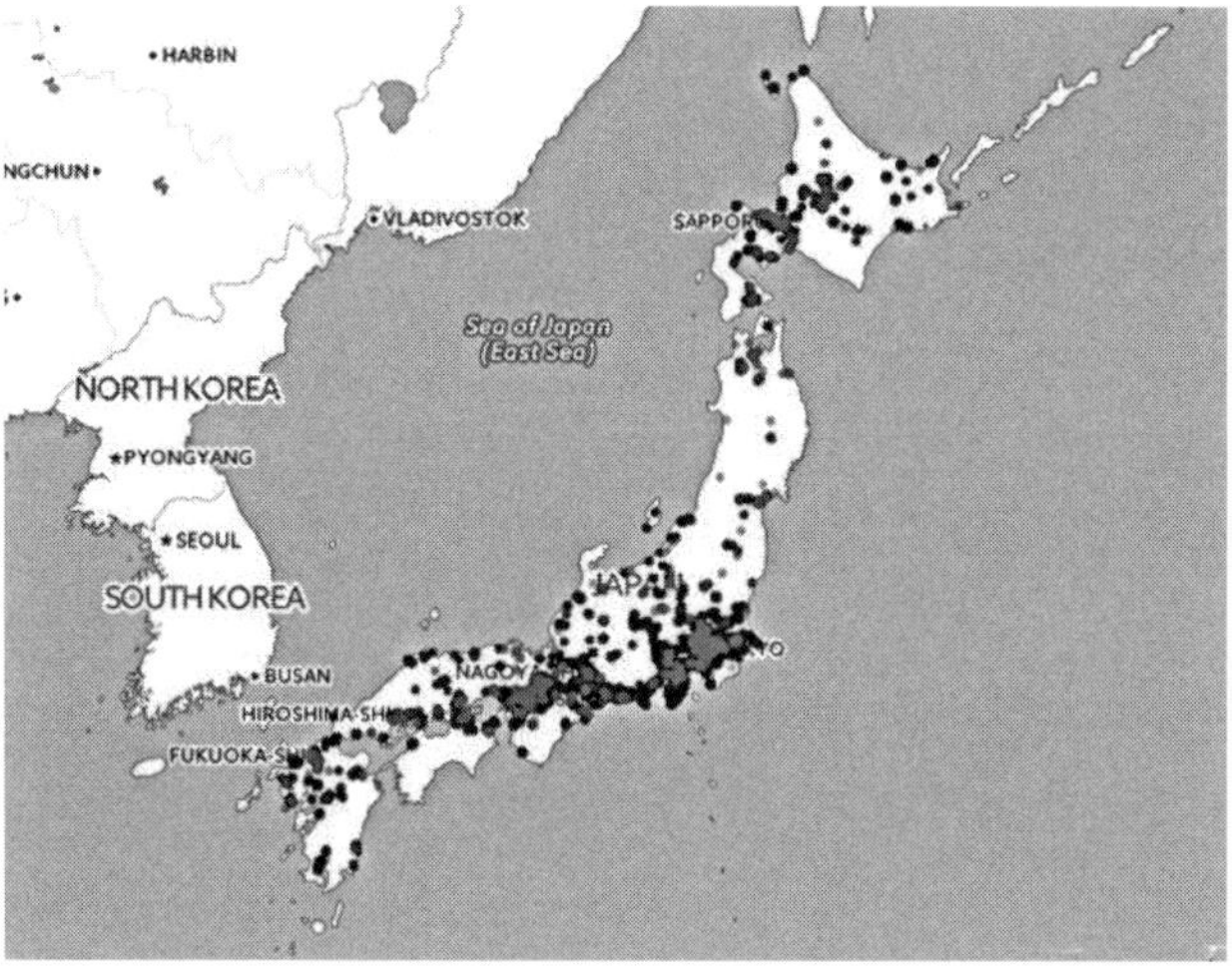

出典：inbound insight
（集計期間：2015/05/23～2015/07/01　データ数：36054）

　たとえば、北海道のニセコはスキーの大好きなオーストラリア人に人気ですし、猿が温泉に入るという長野県の地獄谷温泉は、ヨーロッパの人々の注目を集め、人気の観光地となっています。

　訪日外国人が好んで足を運ぶのはどこかを示したのが上の図です。

　これを見ると、その行き先はほぼ日本全国に分散していることがわかります。

　ＬＣＣ（格安航空券）の普及、円安などの影響により、日本を訪れる外国人観光客が増加しています。また、インターネットの発達により、日本への関心がますます高まっています。今後さらに多くの外国人に日本を訪れてもらうには、全国各地がそれぞれ魅力的なイベントやサービスを提供することが求められます。

外国人だからこそ、記憶に残るおもてなしを

また、中国人観光客が地方都市のショッピングモールへ押し寄せ、スタッフが対応に戸惑っているという話も聞きます。

さらには、SNSを通じて、地方の小さな商店や自動車工場、焼き物の工房などを知り、わざわざ出かけて行く外国人もいます。ひょっとすると明日、あなたの会社や商店に、海外から取材のスタッフが来るかもしれない時代なのです。

そうした現実を認識して、日本の名所観光や食事、買い物を楽しみにしている外国人のお客様一人ひとりを大切にし、誰にも公平に、わけへだてなく応対することが求められています。

そして、それこそが、おもてなしの心なのです。

「たった一度しか日本に来ていただくチャンスはないかもしれない。だからこそ、記憶に残るおもてなしをしよう」という心構えで接していただきたいと願っています。

第2章　信頼されるマナー

1　正しい握手の仕方を知っていますか

握手なんて簡単？

私たち日本人も、握手をするという習慣にはすっかり馴染んでいます。久しぶりに友人に会ったときや、食事のあとで別れるときなど、握手をすることが普通になっているので、「そんなのとっても簡単」と思っていませんか。

ところが実は、ほとんどの方が、正しい握手の方法を知らないようです。握手の仕方がどことなく奇妙なため、外国人が不信感を抱いてしまうこともある、というのをご存じでしょうか。

正しい握手の仕方

良い機会ですから、ここで正しい握手の仕方を覚えましょう。

まず、お互いに正面を向いて立ちます。あなたと相手との間隔は、約60センチが適切です。あなたの腕を真っ直ぐに前に伸ばすと、相手にやっと届くぐらい、という距離です。

この60センチ四方の空間のことを「パーソナルスペース」といい、この範囲内に他人が踏み込んで来なければ、心地よさが保たれるとされています。
良い姿勢で、お互いに少し距離をおいて、正面から向き合いましょう。

握手の前に、笑顔でアイコンタクト

次に、ニッコリと微笑みながら、相手の目を見ます。きょろきょろしたり他の人を見たりすると、「落ち着きのない人」と思われてしまいます。さらには、「何か後ろめたいことでもあるようで、信頼できない」と悪い印象を持たれてしまいます。

挨拶しながら手を差し出す

続いて、「こんにちは」「ハロー」などと声を掛けながら、右手を差し出します。このとき、一歩踏み込んで手を差し出す場合もありますが、必要以上にパーソナルスペースを侵さないようにしましょう。

右手の親指は上に向かって立てます。そうしないと、相手の方は手を握りにくいのです。

手を握ってシェイク、シェイク

お互いに手をしっかりと握り合い、2〜3度上下に振ります。手を振る、揺するという

ことから、「ハンドシェイキング」というわけです。

ちなみに、欧米で握手の習慣が広まっていったのは、手に武器を隠し持っていないことを示すためだったと伝えられています。

握手をしながら一言添える

握り合った手を振りながら、「お会いできて嬉しいです」など、簡単な会話をします。

「Nice to meet you, Mr. ○○.」というように、相手の名前を呼ぶようにします。

そうしている間も、相手から目をそらさず、アイコンタクトを保つようにしてください。

そして、ごく自然な感じで手を放すようにすると、スマートな印象になります。

さらに知っておきたい、握手のマナー

前記に加え、特に気をつけていただきたいのは次の点です。

・握手をしながらお辞儀をすると奇妙な印象を与えます。
・手の先だけで弱々しく握らず、がっちり握ります。握る力が弱いと、不信感を与えます。逆に、あまり強く握るのも失礼です。
・アイコンタクトは絶対に必要です。相手の目をちゃんと見ないと信用されません。
・濡れた手や湿った手で握手をしないように、ハンカチなどで手を拭っておきましょう。

握手の上級マナー

・女性に対しては、相手が手を差し出すのを待ち、応じるようにするとよいでしょう。
・両手を使って相手の手を包みこむようにする握手は「政治家の握手」ともいわれ、人気取りのように感じさせます。よほど親しい相手以外には、やめておいたほうが無難です。
・中東やアフリカ北部、トルコ、インドネシアなどに多いイスラム教徒の方々や、インドなどに多いヒンズー教徒の方々とは、握手は必ず右手で行わなければなりません。

なぜなら、左手は不浄の手とされているからです。右手で握手をし、そこに左手を添えるのも好ましくありません。

・また、イスラム教徒やヒンズー教徒の女性は肌の接触を避けることが普通で、ビジネスの場面であっても、握手を断られることがあります。

正しい握手のしかた

◆ お互いに正面を向いて、姿勢良く立ち、パーソナルスペースは60センチ程度を保つ

◆ 握手の前に、必ず笑顔でアイコンタクトをする

◆「こんにちは」、「Hello, Mr. ○○.」などと声を掛けながら、右手を差し出す

◆ 右手の親指は上に立てた状態で差し出し、お互いの手をしっかり握る

◆ 握った手を、２～３度上下に振る

◆ 握手をしながら「Nice to meet you.」など、簡単な会話をする

◆ 適度な笑顔とアイコンタクトを保つ

◆ 握手をしながらお辞儀はしない

◆ 強く握りしめたり、手の先だけで弱々しく握ったりしない

◆ 濡れた手や湿った手で握手をしない

◆ ごく自然に手を放すとスマートに見える

2　大事な第一印象は6秒で決まる

接客スタッフは「印象」がいのち

小売業や飲食業に従事している方々は、商品がより引き立って見えるように、ディスプレイや照明の当て方を工夫するなど、常に心を配っていらっしゃることと思います。

それと同時に、その商品を扱う接客スタッフも、印象が良くないとお客様に気に入っていただくことはできないでしょう。

スタッフの服装、話し方、表情、姿勢、動作など、多岐にわたってビジネスマナーを磨いていくことは、売上を伸ばすために非常に重要な仕事の一つです。

スタッフ各人がとても仕事熱心で、商品説明などさせればトップの実力者だったとしても、お客様に与える印象が悪ければ、売上向上に結びつかないのです。

第一印象が悪いと、次はない

「会って最初の2〜6秒で、相手に対する印象が固まる」

「第一印象は、外見が発するメッセージによって左右される」

「人は相手に対して抱いた印象や感情を、その後もずっと持ち続ける」というのは、心理学をはじめとする様々な分野の研究者が、実験を重ねて得られた事実だとされています。

第一印象が良いと、その後も好感を持ってもらうことができ、「また会いたいわ」と思っていただけます。逆に、最初に悪い印象を与えると、その後は頑張って努力しないと、印象が変わらないということです。心理学ではこれを「初頭効果」といいます。人との出会いを良縁にできるか否か、それは出会った瞬間に決まってしまうのかもしれません。

ということは、「顧客を増やして売上を伸ばしたい」「お客様にまた来てほしい」「いいお友達をたくさんつくりたい」「素敵な男性（女性）との良い出会いがほしい」と願っている人は、外見が発するメッセージに気をつけて、良い第一印象を与えると効果が高いということになります。

中身よりも外見がものを言う

人は、相手のどこに着目してその人を判断しているかという、アンケート調査の衝撃的な結果をご覧ください。

２００９年10月15日のアメリカのロイター通信発の情報によると、働く米国人女性を対象に実施したアンケートで、「自分のキャリアにとって、見た目が影響したと思いますか」という質問に対し、「影響したと思う」と回答した人は全体の98％で、圧倒的多数でした。

一方、「そう思わない」と答えた人は、わずか2％でした。

つまり、働く米国人女性のほとんどは、職場での成功に、プロフェッショナルな見た目が非常に重要だと考えているということが、調査により明らかになったのです。

これは少し極端な例かもしれませんが、外見（服装、姿勢、態度、顔の表情、動作、声の調子、話し方など）から伝わるものがいかに重要かということを示しています。

外見でイメージアップをはかる

それならば、相手の心をつかみ、「また会いたい」と思っていただけるように、この情報を活用していきましょう。それには、身だしなみを整え、明るい表情で、落ち着いた声と口調で話をするように心がけることがとても効果的です。

外見が発するメッセージに気をとめ、コントロールすることによって好印象を与え、存在感をアップすることができるのです。顧客を増やし、上質な人脈を広げていくきっかけにもなります。次のページからは、具体的にどうすれば、外見が発するメッセージをより良いものにしていくことができるか、その方法をお伝えします。

3　外見はその人からのメッセージ

笑顔、アイコンタクト、姿勢の良さ

外見が発するメッセージに留意し、上手にコントロールしていくために、次頁の第一印象を良くする10項目を毎日自分に問いかけるようにしましょう。そして、改善すべき点は改善するように心がけていきましょう。

自分を変え、相手の反応を変え、関係性を変えていくのは、あなた自身にほかなりません。自分の魅力と能力を「見える」形にすることにより、あなたが待ち望んでいたチャンスがより早く、より多く巡ってくるようになるはずです。

歩く姿に品格がにじみ出る

ヨーロッパの街を歩いていると、女性はみな姿勢が良く、歩く姿も美しいので、思わず見とれてしまいます。若い女性はもちろんのこと、中高年の女性も負けてはいません。

年を重ねてなお美しくエレガントで、堂々たるオーラを放つ老婦人も数多く見かけるので、街歩きがいっそう楽しくなります。ところが海外から日本に帰ってくると、最初に目

第一印象を良くする 10のクエスチョン

◆ 服装や表情を、全身が写る鏡でチェックしていますか？

◆ いつも笑顔を心がけていますか？

◆ 服装は清潔で、その場にふさわしいですか？

◆ 美しくエレガントな立ち姿を意識していますか？

◆ 握手や名刺交換をする時、爽やかで温かみのある笑顔と、アイコンタクトができていますか？

◆ 自分に自信を持ち、落ち着いた声と口調で話をしていますか？

◆ 自分が話すよりも、相手の話をよく聞いていますか？

◆ 正しい敬語を使って話していますか？

◆ きびきびした動作をしていますか？

◆ 座る時の姿勢や手足に気をつけていますか？

につくのが日本人の姿勢の悪さです。これには正直いって、がっかりさせられます。

私の友人がインドネシアでの５年間の赴任を終えて帰国したときにも、「日本人はどうしてこんなに姿勢が悪いのだろう」と、久しぶりに見る日本人の姿に驚いていました。

「皆が、まるでこれからパーティーにでも行くようなおしゃれな服を着ているけれど、背中を丸めて、膝を曲げて、ちょこちょこと歩く人が多すぎる」というのです。

そういえば確かに、日本人の姿勢は悪くなっていく一方のようです。

パソコンやスマートフォンを頻繁に使うようになった影響なのか、うつむく姿勢が増え、ストレートネックなどの健康被害も増えているそうです。

好感度の高い歩き方

「今日はなんとなく調子が悪い」というときでも、あえて意識的に颯爽と歩くようにすると、その日一日、不思議と元気でいることができます。周囲の人々も、「いつも元気ですね」「楽しそうですね」と良い印象を持つはずです。

美しく、若々しく、健康的で、エレガントに見える歩き方のヒントをお話ししておきましょう。私が合氣道の稽古で教わった方法を採り入れていますが、これは男性にも女性にも有効な方法ですので、ぜひ試していただきたいと思います。

好感度の高い歩き方

◆ 背筋を伸ばし、身体の中心部にある軸をまっすぐに立てるように意識して立ちます。

◆ 丹田（へそ下8センチ程度の位置）を意識します。

◆ 両腕は体の側面に自然に添わせ、手の指はきちんと揃えます。

◆ つま先立ちをするような感覚で、かかとを約10回上下すると、自然に姿勢が良くなります。

◆ 視線は正面より2cm上げると、明るく見えます。

◆骨盤から前に出るように意識して、足を踏み出します。

◆「脚はコンパスのようなもの」と意識しながら、膝を曲げずに歩くことが素敵に見せるコツです。

◆ 歩幅は、女性は50〜55cm、男性は60〜70cmがちょうど良いとされていますが、さらに5cm歩幅を広げると、さっそうと見えます。

◆ 鏡やショーウインドーなどで、自分の姿をチェックしてみましょう。

4　大切なのは清潔感

第一印象を左右するのは清潔感

第一印象を良くするには、何といっても清潔感がとても重要です。

不潔感のある人とは一緒に仕事をしたくないし、接客もしてほしくない、と思いませんか。

たとえば、飲食関係の人の髪や手が不潔だったら？

口臭があったり身体が匂ったら？

ビジネスの相手が差し出す名刺が汚れていたり、名刺入れがボロボロだったら？

こうしたことに気を配り、清潔感の漂う服装や態度で接することによって、仕事だけでなく人間関係全般がうまくいくようになります。

見た目の清潔感、チェックポイント

次の表に、気をつけたいチェックポイントを挙げていますので、参考にしてください。

新人にも、部下の指導にあたる方々にとっても、良い参考資料になることと思います。

見た目の清潔感
セルフチェック

◆ 髪は清潔で、きちんととかしてありますか？

◆ ロングヘアは束ねてありますか？

◆ 歯は綺麗に磨いてあり、爪も手入れがしてありますか？

◆ 衣類はきちんと洗濯がしてあり、清潔でアイロンがかけてありますか？

◆ 上着（ジャケット）やドレスは身体にフィットしたサイズで、すっきりと見えますか？

◆ ベルトは、できれば靴の色と揃えるとすっきりと見えます。

◆ 靴は特に大事です。きちんと磨いて手入れされたものを履いていますか？

◆ ビジネスの場では、指輪、ネックレスなどのアクセサリーは大きすぎないものにしていますか？

◆ 時計も、あまり目立つものを着けないようにしていますか？（お客様よりも高価な時計をすると、いやがられる場合もあります）

振舞いの清潔感

立ち居振舞いにも清潔感が必要です。きびきびと動くことが望ましいのですが、スピーディーなら良いというものではありません。速すぎず、遅すぎず、スマートに行動するようにしましょう。

見る人にとって心地良いのは、無駄のない動作です。立ち方、座り方、歩き方、扉（襖や障子）の開け方、お客様にお茶をお出しする動作など、すべてにおいてシンプルで美しい動きを目指すなら、茶道のお稽古をすると抜群に効果があります。

お稽古に通う時間的な余裕がない場合は、インターネット動画でお茶席やお稽古の様子を見ると、とても参考になります。

話し方の清潔感

話し方にも清潔感が重要です。この場合にも共通しているのは、笑顔・アイコンタクト・姿勢の良さが大切だということです。

まず、背筋を伸ばして良い姿勢をとり、笑顔で会話をするようにしましょう。すると自然に、清潔感のある雰囲気になります。爽やかだ、温かみがある、リラックスしていていい感じだなあ、と良い印象を与えることができます。

話をしながら、目をそらしたり、きょろきょろしたりしないで、しっかりとアイコンタクトをとってください。

話をしているときに髪をかき上げるのもNGです。これは多くの女性がつい無意識にやってしまうしぐさだと思うのですが、外国人の目に「なんとなく不潔な感じがする」「自意識過剰なようで、あまり愉快なものではない」と映るようです。

外国人との会話で伝えたい清潔感

外国人と会話をするときは、日本人との場合と違って、頻繁に相槌を打つ必要はありません。「うん、わかるわかる」「そうよねえ」と、いちいち応じると、奇妙な印象を持たれてしまいます。

また、外国の言葉がわからない場合は、日本語で話すしかないこともあるでしょう。そんなときも、できるだけ丁寧な言葉遣いをするようにしましょう。

たとえば、「いらっしゃい」ではなく、「いらっしゃいませ」と少し丁寧に言うようにすると、日本語が通じない外国人にも、その丁寧な響きがちゃんと伝わり、好感を持たれます。

相手が求めているのは、「あなたの話をきちんと聞いています」という誠実な表情と態度です。笑顔・アイコンタクト・姿勢の良さが大切なのです。

5　レディーファーストはアフターユー

基本さえ押さえておけば、とても簡単

海外から女性のお客様を迎えるとき、「レディーファーストって、どうすればいい？」と頭を悩ませている男性も多いのではないでしょうか。

次の七つのポイントを押さえておけば安心です。

大切なのは、女性に気持ちよく過ごしてもらえるよう、思いやりを持つこと、そして、「どうぞお先に、アフターユー」の心で接することです。

決して難しいことではないので、外国人女性に対してだけでなく、日本人の女性にもレディーファーストで接するようにしましょう。「なんて素敵な人だろう」と、一気にあなたの評価が高まるに違いありません。

レディーファーストのマナー、七つの基本

①女性は内側、男性は車道側を歩く

女性と並んで歩くときは、車道側を男性が歩き、女性が内側を歩きます。車道側は車や

自転車の事故、ひったくりに遭いやすいため、男性が女性をガードするという意味があります。

②重い荷物は男性が持つ

女性の荷物が多いとき、または重そうなときは、男性が「お持ちしましょうか?」と声を掛けてから預かるようにします。

最近は、女性のハンドバッグまで代わりに持っている男性を見ますが、これは明らかにやり過ぎですし、奇異な印象になりますので、やめたほうがよいでしょう。

③部屋に入るのは女性が先

ホテルやレストラン、デパートなど、あらゆる場所で、男性が女性のためにドアを開けます。そして、女性を先に中へ通してから男性が入り、ドアを閉めます。

自動ドアの場合も、男性がドアを開け、女性に「どうぞ」と手でジェスチャーを示して通し、それから自分が中に入るのがよいでしょう。

ドアを閉めるときは、後から来る人がいないことを確かめてから閉めるようにします。後続の人がいる場合は、手でドアを押さえて待ちます。

これは、相手が女性でも男性でも、誰に対しても実行していただきたいマナーです。ドアを押さえて待っていてくれる人があると、そのちょっとした親切にあたたかい気持ちになり、「ありがとう」という言葉がふっと出てきます。

ドアを押さえていた人も、きっと爽やかな気分になれるでしょう。

④車に乗るときは女性が先、タクシーの場合は男性が先に

女性を車に乗せるときは、男性がドアを開け、女性がシートに座るのを確認してからドアを閉めます。

女性を車から降ろすときは、男性がさっと運転席から降りてドアを開け、女性が車から出るのに手を貸します。

タクシーの場合は、最初に男性が乗り込みます。先に女性を乗せないのは、奥の席まで移動する手間をかけさせないためで、また、女性の着物やドレスがシワにならないよう、こうした心遣いが必要です。

また、男性が奥の席に乗るのは、料金を支払う際に、女性に余計な負担をかけないためです。

こうした心遣いが示されると、女性は安心して気持ちよく車に乗ることができます。

⑤エレベーターに乗るのは男性が先

女性と一緒にエレベーターに乗るときは、男性が先に乗り、エレベーターの扉を押さえます。そして女性が乗ってから、目的階のボタンを押します。

目的階に着いたら、先に女性に降りてもらいます。そのとき、ドアの扉を手で軽く押さえておきましょう。

取引相手や上司に対しても同じように振舞うようにすると良いですね。「紳士的な人物」「気の利く男」と高く評価されます。

⑥眺めの良い席は女性のために

レストランやカフェなどでは、女性を先に店内へ案内します。どの席に座るか、女性の好みを優先することが大事ですが、たとえば外の景色がよく見える窓側の席や、座り心地の良いソファー席などを女性に勧めるようにすると、とても喜ばれます。

⑦お支払いは基本的に男性の担当

レディーファーストの考え方では、飲食のお支払いはすべて男性がするとされています。ただ、男性が女性のお誘いに応じて食事をご一緒する際は、変に遠慮したりせず、ご馳走

になってよいと思います。

ここまでは、男性側から見たレディーファーストについて解説してきましたが、今度は女性の立場から考えてみましょう。

男性から丁重に扱われたら、まず必ず「ありがとうございます」と、感謝の言葉を述べましょう。

「いえ、結構です」と拒否したり、もじもじしたりしないで、自然に好意を受けることが大切です。

レディーファーストに慣れてくると、「してもらって当たり前」と思ってしまう場合もあるので気をつけてください。いつも感謝の気持ちを忘れないようにしましょう。

レディーファースト

◆ 男性は道路側を歩き、女性をかばう

◆ 重い荷物は男性が持つ

◆ 部屋に入るときは男性がドアを開け、女性が先に入る

◆ 車に乗るときは男性がドアを開け、女性を乗せる

◆ タクシーの場合は男性が先に乗り、奥に座る

◆ エレベーターは男性が先に乗り、扉を押さえて女性を乗せ、目的階のボタンを押す

◆ レストランやカフェでは、座り心地が良い席や、眺めの良い席を女性にすすめる

◆ 支払いは基本的に男性の担当
（女性から誘われた場合はご馳走になりましょう）

****

● 女性は、もじもじしたり、「結構です」と拒否したりせず、自然に好意を受けましょう

● いつも感謝の気持ちを忘れないようにしましょう

外国人に
声を掛けられたら

第１章で述べた「外国人に声を掛けられた時」の対応について、わかりやすくまとめました。どうぞご活用ください。

◆ まずにっこりほほえむ（お互いに安心できる）

◆ アイコンタクトをする（信頼感を生む）

◆ 何か聞かれているとわかったら、「Yes?」と言ってみる

◆ 相手が言っていることがわからないときは、「Pardon me?」と、聞き返す

◆ 相手が何を求めているのか、わかるまで聞く

◆ わからないときは「わからない」と言い、知らないことは「知らない」と言う

◆ 相手の求めているものがわかったら、日本語と英語、ジェスチャーや筆談などを交えて伝える

◆ 時間がある時は、目的地やインフォメーションに案内するか、現地に詳しい人を探す

◆「Have a good time.」などと言って、笑顔で別れる

コラム1

印象深かった元大統領の「姿勢」

マナーの良し悪しは、まずその姿勢にあらわれます。もちろん立ち姿や歩く姿勢も大切ですが、物事に取り組む姿勢というものも、マナーの重要な要素です。これに関して、私には忘れられない思い出があります。

国連機関で働いていると、世界のＶＩＰのスピーチを拝聴する機会がよくあるのですが、中でも強く印象に残っているのは、アメリカのビル・クリントン元大統領です。

スピーチの内容はとても素晴らしく、彼自身の持つ魅力とあいまって、聴衆をぐいぐい引き込む力がありました。

さらに、クリントン元大統領は、スピーチを終了した後、聴衆の一人ひとりと握手をしながら、言葉を交わしてくださったのです。そうするためには舞台から降りる必要があるからと、わざわざスロープを造らせたと聞いています。

演壇でスピーチをしている間は、ペットボトルの水をラッパ飲みし、スーツのズボンにはプレスがかかっていませんでした。これはマナー違反といわれても仕方ありませんが、そんなことなどまったく気にならないほど、素晴らしいパフォーマンスでした。

これは、どうすれば相手の心に訴えかけることができるかを真剣に考え、全力で取り組んでいる「姿勢」だからこそできることでしょう。

第3章　その場その場での心地よいおもてなし

1　英語は世界の共通語

外国人観光客の約8割はアジア人

日本政府観光局（ＪＮＴＯ）の最新データによると、訪日外国人観光客数の60％強を占めるのは、台湾・韓国・中国本土からの観光客です。続いて多いのが米国からの観光客ですが、それに続く香港やタイを含め、アジアからの観光客数を合計すると、全体の78％になります。このグラフを見ていただくと一目瞭然、日本を訪れる観光客の多くがアジアからのお客様で占められていることがわかります。

しかし、お迎えする側の私たちが、アジア各国の言葉に通じていることはほとんどないので、コミュニケーションをとるのは主に英語でということになります。

世界中の最も広い地域で使われている言語、ユニバーサルランゲージは英語です。

私たち日本人を含むアジアの人々にとって、英語は母国語ではなくても、知っている単語が数多くあります。

「Good morning」「Thank you」「Five coffee」「One thousand yen」のように、お互いに最低限の単語で意思疎通をはかることができます。

2014年訪日外客数の国・地域別割合

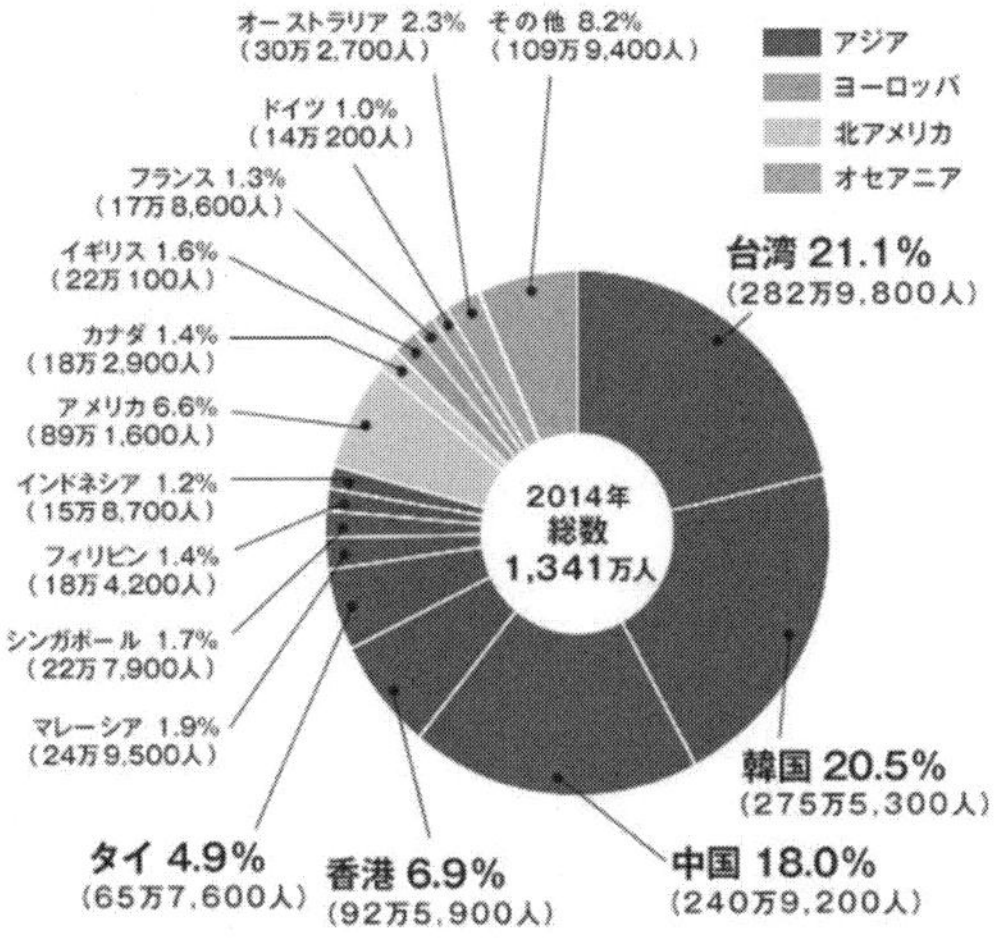

出典：日本政府観光局（JNTO）

単語を増やすと楽になる

英語が流暢である必要はないのですが、外国からのお客様をおもてなしするときに、知っている単語をできるだけ増やすようにしていくと、コミュニケーションの幅が広がり、ファンが増えることにつながります。語彙が増すほど、コミュニケーションはよりスムーズになっていきます。また、英語を学ぶことによって、今までは想像もできなかった人と出会えたり、友達になったり、自分に自信を持てたり、必ず良いことがあります。

ですから、諦めないで努力を積み重ねていただきたいと思います。

2　カフェやレストランの場合

一番大切なのはオーダーを間違えないこと

飲食店でオーダーしたものがなかなか来なかったり、違うものが運ばれてきたりすると、かなり不満がつのります。

「ホットではなく、アイスコーヒーを頼んだのですよ」

「あ、失礼いたしました。すぐに作り直してまいります」

速やかに対処してくれたとしても、気分を害したという事実は取り消せないでしょう。

奈良の日本料理屋であったこと

先日、私は家族と共に奈良を訪れ、昼食は日本料理屋でとることにしました。ちょうど飲み物や料理を頼み終わった頃、ロシアから来たと思われるカップルが入ってきました。

男性のほうは、日本語で書かれたメニューを見ながら、お店のスタッフと英語であれこれ話し始めました。お互いに英語はあまり得意ではないらしく、片言で一生懸命にやりとりしている様子です。

やがて、そのカップルはビールを2本とお寿司を2つオーダーすることにしたのだなと、隣の席にいた私にもよく聞こえました。注文をとっていたスタッフは「ＯＫ！」と威勢よく請合い、奥の厨房へ向かったのはいいのですが…いくら待ってもビールは運ばれてきません。

私たちの席には飲み物も料理も順調に届いています。そこで私はお節介にも、「お隣にビールが来てないみたい」と、そのスタッフにそっと告げました。すると彼は「あっ！」と絶句し、あわててビールを取りに行ったのです。

メニューを見ながら、指差し確認

そのときはちょうど真夏で、気温が35度を超えていました。お隣のカップルも一刻も早く冷たいビールを飲みたかったに違いありません。そんなときに長く待たされたら、誰だってイライラしてしまいます。ましてや、スタッフのうっかりミスが原因だとわかったら、怒り倍増でしょう。

お客様にそんな不愉快な思いのないよう、注文をうかがうときは、よく注意をすることが求められます。言葉がうまく通じない場合は、メニューを指差しながら、「こちらのビールをツー、こちらのお寿司をツーですね」というように、お互いが納得のいく形で確認をとりましょう。そして、冷たいものは冷たいうちに、温かいものは温かいうちに、速やかにお席へお持ちすることが大事です。

ベジタリアンの外国人が日本蕎麦を食べたら

食べ物と戒律という話題についてもふれてみたいと思います。

ある日の午後、私は仕事の打ち合わせの帰りに、遅い昼食をとるために蕎麦屋に入りました。大好きな天ぷら蕎麦を注文してほっと一息ついていると、向いの席でインド人らしい女性が、お店のスタッフに向かって大きな声で話し始めました。

どうやらその女性はベジタリアンで、蕎麦の上に載っているかまぼこが食べられないようです。

さらには「魚でつくったかまぼこが蕎麦のスープに浸っていたから、スープも丸ごと換えてほしい」と、叫ぶように英語で訴えています。

お店のスタッフは年配の女性で、何のことかわからず、おろおろしています。インド人女性は、言葉が相手にまったく通じないので、頭を抱えてテーブルに突っ伏してしまいました。

前もって確認したいこと

二人ともとてもお困りの様子だったので、私はインド人女性の言っていることをお店の女性に伝えました。すると、「かまぼこを入れずに、新しくつくり直します」と、すぐに対応してくれました。新しい蕎麦を受け取ったインド人女性も、今度は安心して食べられたようです。それも、日本人のようにずるずると音を立てて。

この例のように、世界には肉や魚を口にしないベジタリアンの人々が数多くいて、中には非常に厳しい戒律を守っている場合もあります。

そうした方々を飲食店にお迎えするのは、なかなか難しい問題がつきまといます。どのようなものが食べられないのか、確認することが必要となるからです。英語を使って意思疎通をはかることが難しい場合もあるでしょう。

でも、そこで諦めたらおしまいです。言葉が通じなくても、紙に絵を描いてもらうようにすれば、なんとかなるものです。

宗教や戒律により、口にできないものもある

個人的な理由からベジタリアンになった方、アレルギーが原因で食べられないものがある方もいます。

また、外国人のお客様が多いお店の方ならご存知のことと思いますが、イスラム法のもとでは、豚肉をはじめとして、口にすることを禁じられている食材が数々あります。お客様によっては、宗教上の教義や信念により口にしないものがあるのだということを理解する必要があります。そして、そうしたことは、できれば事前に、お客様に確認しておくと、トラブルを防ぐことができます。

飲食に関するタブー

飲食に関するトラブルを防ぐために、ここでそれぞれの宗教が禁じている食べ物や飲み物を挙げてみます。

・イスラム法のもとでは、アルコールはタブーです。また、豚は不浄な食べ物とされ、肉だけでなく、ラードや肉のエキスのスープも口にすることはできません。蟹や亀など、甲羅のあるものも食べてはいけないとされています。
・ヒンズー教では、牛はシヴァ神が乗る聖なる生き物とされ、食べることはタブーです。
・モルモン教は、アルコール、コーヒー、紅茶、緑茶、牛乳などを禁じています。
・ユダヤ教徒は、牛や豚などの蹄のある動物や、イカ、タコなどの鱗がない魚介類は食べてはいけないとされています。

3　中国からのお客様の場合

中国人の買い物は一人平均19万８千円

引き続き、日本政府観光局（ＪＮＴＯ）の最新データに基づいて話を進めましょう。

宿泊、飲食、買い物など、日本滞在期間中の消費額が多いのは、１番が中国、２番が台湾で、香港からの観光客も加えると、中国語圏からの観光客の消費額は、訪日観光客全体の消費額の50％を超えます。

また、中国人観光客が日本で買い物をする額は、一人あたり平均で19万８千円を超えるといいますから、いかにショッピングが旅の重要目的になっているかがわかります。

「また来たい」と思ってもらうには

中国人観光客に人気の街、たとえば東京の銀座、新宿、渋谷といった繁華街の商店やデパートには、一度に大量に買い上げるお客様が多数訪れています。

売場やレジが混雑している中、接客しなければなりませんから、応対する皆さんは、さぞかし大変なことだと思います。

2014年　旅行消費額の国籍・地域別構成比

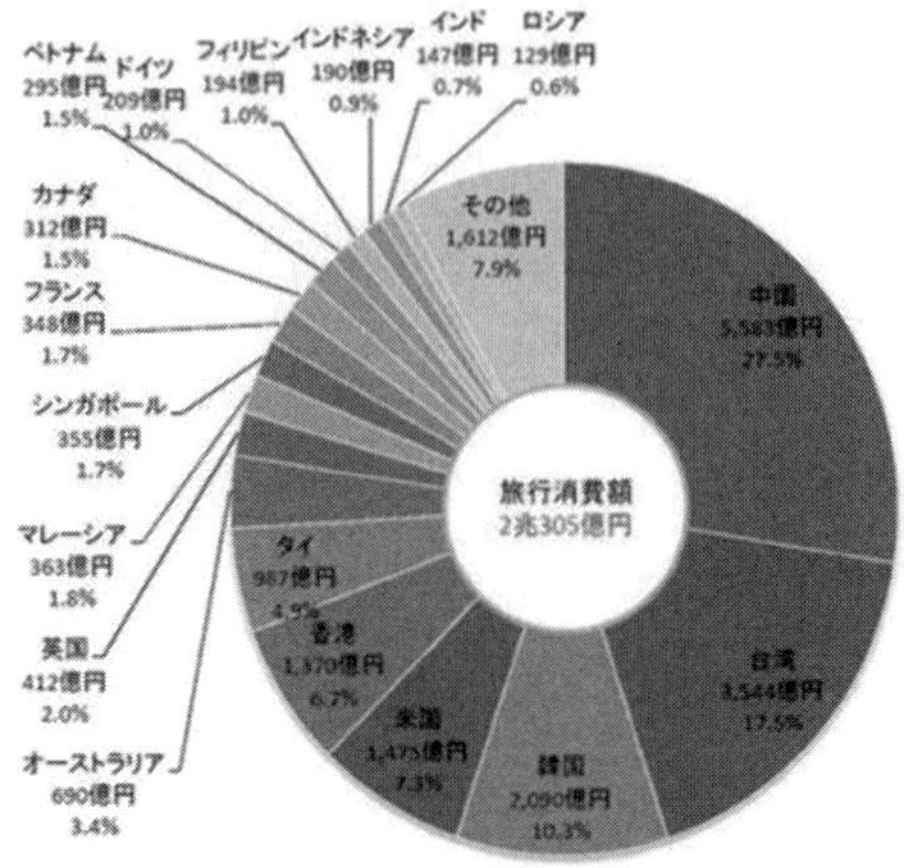

出典：日本政府観光局（JNTO）

どっと押し寄せる外国人客を、効率よく対面販売するだけでなく、「気分よく買い物ができた」「また来たい」と思っていただくにはどうすればよいのでしょうか。

一見客をリピーターに

旅行の満足度調査によると、「日本にまた来たい・必ず来たい」と答えた人は、全体の90％に及びます。

「二度と来たくない」というようなネガティブな反応はほとんどなく、日本を訪れた観光客の大多数が「また来たい」と思っているようです。非常に高い満足感を得られていることがうかがわれます。

中国本土からのお客様の特徴は、買い物に特に大きな比重を置いていることだといわれます。それは、日本の商品が高品質で手頃な値段だからなのはもちろんですが、日本でのサービスが、とても心地よいからのようです。

中国では少し高圧的で、かなりいい加減なサービスもあると聞きます。日本人が、当たり前だと思っているサービスが、実は中国をはじめ外国のお客様には、特別のものに感じられるのです。

この、おもてなしの心がこもったサービスを通して、中国からのお客様に、また日本に足を運んでいただくリピーターになっていただきたいものです。

筆談から生じる誤解を防ぐ

中国からのお客様とコミュニケーションをとるのに、筆談を使う人がいます。

ところが、日本も中国も漢字を使うから、たいていのことは字で書けば通じるだろう、と思ったら危険です。漢字は中国から日本に伝わりましたが、現在の日本で使われている漢字と、中国で使われている漢字を比べると、随所に大きな違いがあるのです。

また、同じ漢字を使っていても、驚くほど意味の異なるものがいくつもあります。それを知らずに筆談などをしていると、とんだ誤解やトラブルを招きかねません。

たとえば、中国では正式な配偶者のことを「愛人」と書きます。また、日本語の「愛人」は、中国では「情人」です。

中国の人にとって「手紙」といえば、それはトイレットペーパーのことを意味します。日本人の「手紙」は、中国では「信」と書きます。

このように、よく注意をして漢字を使う必要があります。

シェイシェイ、サンキューの一言を添えて

とんだ誤解やトラブルが生じないようにするために、会話や筆談の際は、たとえ面倒でも、日中辞書アプリケーションや、後述の、「指さし会話集」を使うようにしたほうがよいでしょう。

「ありがとうございます」は「謝謝」で、「ぜひまたお越しください」は「无论如何再光临給」となります。ごく簡単に「また来てください」というのは「请再来」です。

これは読むのも書くのも難しいので、「サンキュー、シェイシェイ」の一言を添えて、電子辞書やタブレット端末を使って、相手の方に見ていただくのが良さそうです。

「シェイシェイ、サンキュー」の一言を添えれば、十分に気持ちは伝わるでしょう。

4　ホテルや旅館の場合

お客様とは一期一会

ホテルや旅館での経験は、旅の印象を大きく左右します。

特に外国人観光客の場合は、もう二度と訪れることがないかもしれない土地で、いろいろな人や出来事に出会うわけですから、強く胸に刻まれることでしょう。

一方、おもてなしをする側のホテルや旅館のスタッフの方々も、一期一会の精神で臨む必要があります。

一期一会とは、茶道に由来する言葉で、「このお茶事は一生に一度のものであると心得て、もてなす側ともてなされる側が共に誠意を尽くすべし」ということを意味します。

より具体的に、もてなす側の心得を語るとすれば、

「あなたとこうして出会っているこの時間は、二度と巡ってはこない一度きりのものです。ですから、この一瞬を大切に思い、今できる限りの最高のおもてなしをします」

ということになります。

気持ちを引き締め、心あたたまるおもてなしを

一期一会のご縁と思うと、自然に心がこもります。

「どうぞ気持ちよく過ごしてください。楽しんでください」という思いが表情や声、しぐさにもにじみ出て、とても爽やかであたたかな雰囲気を醸し出します。

また、気持ちが引き締まった状態になると、お客様にどのようにすれば喜んでいただけるのか、察しが良くなります。

「お庭をお散歩なさるときは、こちらの下駄をお使いください」

「浴衣の着方をお教えしましょうか」

というようなサービスが提供できるようになると良いですね。

日本の旅館というものを初めて体験する外国人にとって、見るもの聞くものすべてが新鮮で興味津々、でもどうしていいかよくわからないというのが普通ですから、スタッフの方々が親切に手ほどきすると、旅館の良さを心ゆくまで味わっていただくことができるでしょう。

語学の練習を始めると、世界が広がる

最近はホテルや旅館のスタッフの方々が積極的に英語や中国語を学ぶようになったそう

で、その成果は確実にあらわれているようです。

私も何人もの外国人から、「言葉が通じないのではと心配したけれど、ホテルスタッフが英語に堪能なので、とても助かった」と聞いています。

「東京から遠く離れた土地の小さな旅館でも、英語を上手に話す女将さんがいたよ」と報告されたこともあります。

外国語習得も仕事のうち、といえます。英語は一番使用頻度の高い言語ですが、中国人のお客様が増えているので、中国語を学ぶのもおすすめです。

新しく単語を一つ覚えるだけでも、世界が広がります。そうして次第にボキャブラリーを増やしていけば、ものの見方、感じ方、表現の仕方もバリエーション豊かになり、世界観も次第に変ってきます。それはきっとあなたの自信にもつながるはずです。

しゃべらなくても満足してもらえるシステムを整える

お客様の国の言葉がまるでわからない場合に備え、一言もしゃべらなくても満足していただける方法を考えておく必要があるでしょう。その方法を、スタッフ全員が共有することができるよう、システムを整えておくと、なお良いと思います。

一例として、英語・中国語（中国本土で使う簡体字と、香港・台湾で使う繁体字）・韓国語のメニューを用意しておくと、それぞれのお客様に喜ばれるのはもちろんのこと、スタッフ側も注文の聞き違いなどのトラブルを防ぐことができ、とても重宝します。

また、靴を脱いで上がることや、入浴方法が一目でわかるよう、イラストをつくっておくと、実に効果的です。

ネット検索を利用する

「石鹸」「タオル」「浴槽」「洗い場」「トイレットペーパー」「水を流す」といった日常語を外国の言葉でどう表現すれば良いのか不明な場合も、ネット検索すればすぐにわかります。

ネット検索をして、表現方法がわかったら、それを書きとめておくと、とても役立ちます。たとえば、室内へは靴を脱いで上がることや、入浴方法などがお客様に一目でわかるようにするために、外国語の説明文にイラストを添えたものを見ていただくようにすると、実に効果的です。

また、お客様がイラストを面白がって笑ったり、会話のいとぐちになったりする可能性は高いので、お客様とスタッフがお互いに打ち解け合って話がはずみ、よりいっそうのおもてなしができるようになります。

5　お客様のニーズを理解する

どんなところへ行ってみたいか尋ねる

ホテルや旅館の周辺にある観光名所や美味しい料理店を紹介してほしい、と外国人のお客様からリクエストされることもあるでしょう。そんなときはまず、そのお客様がどのような体験を求めているかをうかがうことが必要です。

外国人を日本の古いお寺に案内すればエキゾチックだと喜ばれるだろうとか、伝統的な和食の店や寿司屋を教えれば良いだろうというのは、こちらの一方的な思い込みに過ぎないこともあります。

日本の習慣や価値観を押しつけたりせず、相手が何を求めているのか、確認するようにしましょう。そうした努力を怠ると、思いもよらないトラブルが発生しないとも限りません。

日本人と外国人では行きたい場所が違う

日本の観光資源は、世界遺産にもなった神社仏閣や富士山ばかりではありません。私たちが思いもつかないような場所が人気の観光スポットになっていることがあります。

訪日外国人観光客向けの旅の情報誌『ADVENTURE JAPAN』によると、東南アジアから来日する観光客に人気の高いものは、「花畑」「リンゴなどの果物狩り」「雪のある景色」「お菓子製造工場の見学」などです。

日本の家電製品をおみやげに買って帰りたいという観光客も大勢いらっしゃいます。そういう方々にとって、家電量販店はぜひとも訪れたいスポットでしょう。

お客様のご希望の場所への交通アクセスや、駅から目的地までの略図を書いて渡すと、とても喜ばれます。

車で行くほうが便利だし、料金もそれほどかからないという場合は、お客様に確認したうえでタクシーを呼び、運転手さんに目的地を告げるなど、きめ細やかなサービスを提供するようにしましょう。

外国人に大人気のゲーム、漫画、アニメ

日本のゲーム、漫画やアニメ、カラオケなども、外国人に大変な人気です。

もう10年も前のことですが、電車の中で、電子辞書を引きながら一生懸命に日本の漫画を読んでいるヨーロッパ風の外国人がいたことを思い出します。その頃からじわじわと人気が広がっていたのでしょう。

街の個室カラオケで歌ってみたい、ゲームセンターへも行ってみたい、という外国人のお客様は少なくないでしょう。最寄りのお店を案内すると、きっと喜ばれます。

漫画やアニメに関しては、京都国際マンガミュージアムをはじめ、全国各地に博物館や記念館があります。

漫画やアニメのファンの方々は、あらかじめネットで調べていることが多いでしょうが、実際に足を運ぶとなると、現地の事情がよくわからず、戸惑うこともあると思います。

そんなとき、その施設のパンフレットを渡したり、交通アクセスや入場料金などを調べて、ローマ字で書いたメモを渡すと、役立つこと間違いなしです。

お客様に安心して観光を楽しんでいただくために、お手伝いできることは無数にあります。その中から、お客様にとって本当に役立つこと、求められていることをサポートするようにしたいものです。

自治体や観光地のサイトを活用しよう

各自治体や観光地のサイトには、観光案内だけでなく、「こんなとき、外国人観光客にどう説明すればわかってもらえるか」といった情報が掲載されていることが多いので、ぜ

どう説明すればわかってもらえるか」といった情報が掲載されていることが多いので、ぜひアクセスしてみてください。

お客様自身にアクセスしていただけるよう、「こういうサイトがありますよ」とお教えすると、それも喜ばれるでしょう。

ここでご紹介するのは、金沢市の「新幹線対応金沢市民会議」が作成した「外国人応対ワンフレーズ・ガイドブック」です。

http://www4.city.kanazawa.lg.jp/17215/index/kiroku/h22guide_book.html

このサイトでは、金沢の魅力を発信するだけでなく、外国人に応対するための英語、中国語（中国の簡体字、台湾の繁体字）、韓国語といった4種類の会話集を掲載しています。

この会話集をプリントして、お客様に直接指でさして示せば、言葉ができなくても意思はきちんと伝わります。また、いつも持ち歩いて勉強するのもよいでしょう。

地元の人たちの気持ちがぎゅっとこもっているサイトは、ほかにもたくさんあります。ぜひ有効に活用してください。

Wi-Fi は改善される？

外国からのお客様が、必要な情報にアクセスしたいのに、「日本では Wi-Fi を使える場所が少ない」という声が多く聞かれます。

これは外国人が日本に来て不満に思うことの一つに挙げられていますが、アクセス可能ポイントは確実に増えているので、時と共に解決に向かうに違いありません。オリンピック開催の頃にはかなり改善されているものと期待しています。

一人では手に負えない場合はどうすればいい？

先日、新宿駅の案内板の前で困っている様子の外国人カップルを見かけました。二人とも、案内板の地図を指差したり、ガイドブックのページをめくったりしています。目的地へ行く方法がわからないようです。

そこで私は「何かお手伝いすることはありませんか?」と声を掛けました。すると、「○○ホテルまで行きたいのだけれど、地図に載っていない」とのこと。あいにく、私はそのホテルの場所を知らなかったので、駅員さんのいる窓口へお連れしました。

駅員さんは慣れたもので、案内図をペンで指し示しながら、ホテルまでの道順を説明していました。私はこれで任務完了と思い、手を挙げてさようならと言うと、二人もとても嬉しそうに手を振り、「ありがとうございます!」と日本語で応えてくれました。

きっと誰かが手助けしてくれる

このように、自分一人では問題を解決できないときは、現地に詳しい人の助けを借りるようにするとよいでしょう。旅行者は日本での滞在時間が限られているので、できるだけ無駄のない方法で、素早く手助けをすることが望まれます。

新宿や渋谷といった大ターミナル駅構内には、観光案内所(インフォメーションセンター)が設けられています。駅構内や周辺の地理に精通したスタッフがいるはずですから、もし時間に余裕があれば、外国人観光客をそこまで案内すると、とても喜ばれます。

観光案内所がどこにあるかわからなくても、駅員さんに聞けば、誰もが丁寧に教えてくれるでしょう。

6　また日本へ来ていただくために

顧客の満足度を高める工夫

外国人の皆さんが、日本での経験を良い思い出として、「いい国だったなあ。また行きたいなあ」と言ってくださるのは大変嬉しいことです。日本のスタッフの方々は、そのためにも頑張っているのだと思います。

おもてなしには笑顔や誠実さが大切です。心をこめておもてなしをすることにより、「また来たい」と思っていただくことができます。

より良いサービスを提供できるよう、些細なことにも手を抜かず、心のこもったおもてなしを心がけることが大切です。

それでは、どのような場でどのような工夫ができるか、具体策を考えてみたいと思います。

レストラン

メニューを何種類も用意するのは大変でしょうが、英語、中国語（簡体字、繁体字）、韓国語のメニューがあれば、諸外国からのお客様が安心して注文をすることができます。
また、小皿に盛りつけたおつまみやデザートなど、無料サービスの一品をお付けすると、お客様はとても得した気分になるでしょう。お客様が帰国後、ＳＮＳを通じて、お店の紹介などをしてくれる可能性もあります。

ホテルや旅館

私たちが旅先で味わう思いは、日本を訪れた外国人観光客が経験する思いと、ほぼ同じだといえるでしょう。「自分だったら、こうしてもらえると嬉しい」と思うことを、お客様のために準備しておくと、間違いなく喜ばれるはずです。
たとえば、宿泊先の部屋で、自分の国のテレビ番組を視聴することができると、ほっと安心するものです。また、自分の国の言葉で書かれた観光案内パンフレットや施設説明書などがあると、とても重宝します。

商店

中国人観光客は家族連れで行動することが多いので、両親の買い物につきあわされている小さな子供さんたちにちょっとしたプレゼント、たとえばアニメキャラクターの付いたキーホルダーやシールなどをあげると、わずか50～60円程度の品でもとても喜ばれます。場の雰囲気がなごやかになりますし、爆買いにいっそう拍車がかかるかもしれません。

タクシー

地域のイラストマップや見どころを紹介するリーフレット（チラシ）を用意して、ご乗車のお客様の目につく場所にストックしておくと、手に取って見ていただくことができます。「いいもの見つけた」と、喜んでお持ちになるお客様は少なくないでしょう。

そのほか、お客様が大きな荷物を運ぶのを手伝い、スーツケースなどを車のトランクのスペースにお預かりするのは、いうまでもありません。

目的地に到着して別れる際は、「良い旅行をなさってください」と一言添えると、お互いにとても気分が良いものです。

日本にはチップの習慣はありませんが、もし渡されたら拒否したりせず、きちんとお礼を言って受け取ると良いのではないかと思います。

急に雨が降り出したら

お客様をお見送りしようと店の外へ出てみたら急に雨が降り出した――そんなとき、予備のビニール傘があれば、「どうぞお使いください。返していただかなくて結構ですよ」と、プレゼントすることができます。

私の経験からいって、そういう細やかな心遣いのできるホテルや飲食店は、日本だけかもしれません。海外では、傘の無料貸出しやプレゼントなど、考えもつかないようです。日本人ならではの、あたたかな心遣いを受け取っていただきましょう。

ついでにいうと、雨の日は、お客様がタクシーに乗り降りするわずかな間も、濡れてしまわないように、傘を差しかけるようにするとなおよいですね。お客様は、想像以上のサービスを受けたと喜んでくださるに違いありません。

日本のサービスはすごい！

どんなに素晴らしい景観でも、どんなに豪華な施設でも、そこで出会うスタッフの表情が暗く、冷たい態度をとられたら、もう二度と訪れようとはしないでしょう。

「日本のサービスはすごい！　満足度１２０％だ！　絶対にまた行くぞ！」と言っていただけるよう、サービスに努めたいものです。

日本人の心配り、清潔感、そしてお客様の立場に立ったおもてなしが、リピーターを増やす一助となりますように。

第4章　外国人が日本でちょっと困ること

1　日本は過剰サービスの国

電車やバスなどの交通機関

多くの外国人が、日本人は過剰サービスだと言います。その一つが、駅構内のアナウンスです。

「○○電鉄にご乗車いただきありがとうございます」に始まり、「お降りの際はお忘れ物のないようにご注意ください」まで長々とアナウンスが続くと、うるさいな、しつこいなと思うこともあります。絶えず車内アナウンスに注意しなければならないというのは、外国人だけでなく、私たち日本人にもストレスになります。日本人のきめ細やかな心遣いが、時と場合により、不愉快に感じられることもあるのです。

特に、日本語を読むことのできない外国人の方々にとって、路線名や次の駅名など必要な情報だけをきちんとアナウンスしてもらいたいという思いは強いでしょう。

お辞儀が外国人を困らせる

外国人を困らせるものは、ほかにもあります。何度も何度もお辞儀をされることです。

これは皆さんも経験があるのではないかと思いますが、朝10時、開店早々のデパートへ行くと、店員さんがずらりと並んで、深々とお辞儀をして出迎えてくださいます。こういうことに慣れているはずの日本人でも、どう対応して良いかわからず、そそくさと足早に通り過ぎてしまうということもあるでしょう。

私のかつての同僚のブルガリア人の女性は、朝のデパートはとても居心地が悪いから、できるだけ午後に行くようにしていると言っていました。

旅館でもお辞儀の連発

私がドイツに留学中に仲良くなったブラジル人の友人が、純和風の旅館に泊まってみたいと言うので、温泉地へ一泊しに行ったときも、同じようなことがありました。

宿に着くと、着物を着た仲居さんが何人も待ち構えていて、「いらっしゃいませ」と手をついてお辞儀をしてくれたのです。

そこまでは良かったのですが、部屋に案内する間もずっと、何度となくお辞儀を繰返すのです。私は軽く受け流していましたが、ブラジル人の友人は、戸惑ってしまったようです。

「なぜあんなに何度もお辞儀するの。それに、旅館の人が一生懸命にお辞儀をしているのに、あなたはどうしてすぐに通り過ぎるの。無視しているみたいじゃないの」と、不審がっていました。また、外国人にとって、「日本旅館はとても素敵だけれども、係の人が何度も部屋に出入りするので、丁寧すぎてくつろげない」との声もあります。

シンプル包装でエコ・フレンドリーに

日本には昔から、「包む文化」があります。贈答品にはのしを付け、風呂敷に包んで持参します。着物はきちんとたたみ、畳紙（たとう紙）に包んで保管します。

こうした日本伝統の文化が今も随所に息づいているのは素晴らしいことだと思います。デパートやブティックで買い物をすると、ギフト用の包装をお願いしなくても、とても丁寧に美しくラッピングしてくれます。ところが、それは過剰包装で資源の無駄遣いだと、多くの外国人が指摘しています。たとえばセーターを一枚買ったとして、そこにどれだけの包装資材が使われるでしょうか。

セーター一枚に何枚もの包装紙

①デリケートな商品を汚れや摩擦から守るために、薄紙で包む
②それを透明な袋に入れる
③さらに包装紙で包む

④持ち運びしやすいように、手提げの紙袋に入れる
⑤雨の日は、手提げ袋にビニールカバーをかける

わずか一枚のセーターに、これだけの手間と資材を費やすのは無駄だというわけです。

確かに、世界中には、紙一枚、鉛筆一本、手に入れることも難しい人々もいます。

それを考えると、無駄な包装は省き、貴重な紙資源をできるだけ有効活用する必要があります。最近では経費節減の目的もあり、多くのデパートや商店が簡易包装を取り入れています。「簡易包装でお願いします」または「袋はいりません」と、一言伝えると、快く応じてくれます。

2　完璧よりも余裕をめざす

完璧なホームパーティーだったはずが…

ここでまたちょっと、私の体験談をお話させてください。

ある日、友人のT子さんに誘われて、ご自宅で開くパーティーにおじゃましました。私とT子さん共通の友人の外国人女性を含め、６名が招かれていました。

私たちが着いたときにはもう、おもてなしの準備はすっかり整っていました。家中ピカピカに磨き上げられ、センスの良いテーブルセッティングにピンクのバラ。完璧です。お料理はすべて手づくりで、オードブルやサラダ、オープンサンド、ちらし寿司、ローストビーフにチキンの照り焼きと多種多彩。品数が多いだけでなく、とても食べきれない量でした。

私たちが美味しいお料理をいただいている間、T子さんは飲み物を作ったり、お料理を温めたり、食器を下げたりと、ゆっくり椅子にすわる時間もありません。T子さんはとても頑張り屋さんなのです。

そのご様子を見ていて、私たちだけが飲んだり食べたりおしゃべりをしているのは、なんだか居心地が悪くて、予定よりも早くおいとまぎすることになりました。なんとなく気まずい雰囲気で別れることになってしまったのは、本当に残念なことでした。

T子さんは、最高のおもてなしをしようとしてくれたのだと思います。ところが、ゲストに喜んでもらおうと思うあまり、少しやり過ぎてしまったようです。

おもてなしにやり過ぎは禁物

おもてなしを成功させる秘訣は、お招きしたゲストの顔ぶれに合わせ、どうすれば一番楽しんでもらえるかを考え、ピントの合ったおもてなしをすることです。

T子さんの場合は、久しぶりに会った友人たちが、ゆっくりとおしゃべりを楽しみ、気持ちの良い時間を一緒に過ごすことが目的だったといえます。もちろん、そこにT子さんが加わっていたほうが、ゲストはくつろいで会話を楽しむことができたでしょう。

お料理の品数を半分に減らすとか、ゲストにお皿を下げるのを手伝ってもらうなどすれば、T子さん自身も、私たちも、余裕をもって、もっと楽しく過ごせたに違いないと思うのです。

「過ぎたるは及ばざるがごとし」です。おもてなしにやり過ぎは禁物、ましてや気負ってはいけないと、私は肝に銘じています。

3　こんなことが困る、七つの実例

「不満ランキング」ワースト7

「日本を訪れた外国人個人旅行者が、旅行中に何に不便や不満を感じたか」という、最近の調査によると、次の項目が上位にあがっています。

・外国語表示が十分でない
・無料 Wi-Fi の設備が少ない
・外国語（主に英語）が通じにくい
・クレジットカードを利用できる店が少ない
・交通機関の利用方法が煩雑
・飲食店で食べ方がわからないのに教えてくれない
・市中にごみ箱やベンチが不足している

この七つの事柄は、個人の外国人旅行者にとって、切実な問題でしょう。

海外旅行先に日本を選んで訪れてくれた大切なゲストに、不便や不満を感じさせることなく、快適で楽しい旅を楽しんでもらえるように、できることから一つずつ、改善していく必要があります。

外国人旅行者の目で街をチェック

私たちも外国人旅行者になったつもりで、街の観光施設や交通機関などをチェックしてみるのもいいかもしれません。私もやってみました。その個人的な感想を述べさせていただくと、

・道路標識・案内板・地図などは、最近では目に見えて英語の表示が増えています（中国語やハングルの表示がある場合もあります）。
・駅構内や繁華街など、交通便利な場所に観光案内所が設置された例をいくつか目にしました。
・無料でWi-Fiを使用できる店舗や施設が次第に増えています。

このように、設備面では着々と整備が進行しているようです。

この調子でさらに整備が進み、外国人のお客様が困らない都市が実現することを願っています。

私たちにできること

おもてなしに関する「不満ランキング」ワースト7の中では、主に国や地方自治体が改善をするべき内容が多々あります。

しかし、行政に任せておかず、私たちの努力も必要です。

たとえば、

・旅館などの観光施設の案内リーフレットや飲食店のメニューは、日本語版だけでなく、英語などの外国語版も用意する。

・外国語版を作成することが難しい場合は、

できるだけ写真を多用する。

・クレジットカードを利用できる店では、入口周辺やレジカウンターにクレジットカードのステッカーを貼る（ステッカーが見当たらない店ではカードを使えないと、誤解している外国人観光客は多いようです）。

・無料で使えるWi-Fiの設備がある店や施設では、その旨を知らせるステッカーを貼る。

というように、ほんのひと手間かけるだけで、外国人旅行者に喜ばれる店づくり、施設づくりができるのではないでしょうか。

おもてなしの心が未来を変える

「不満ランキング」を見てもわかるとおり、駅での切符の買い方や乗車ホームがわからず困っている外国人は多いのです。そうした場合は、親切に教えてあげることで、とても喜ばれます。私たちにとって日本語の表示は当たり前のことでも、外国人にとっては時として、パズルを解くより難しいことなのです。

知っている限りの英語を使って、外国人旅行者をサポートしましょう。英語に自信がないのなら、「大丈夫？」「お手伝いしましょうか？」と日本語で話かければいいのです。

英語ができなくても一流のおもてなしができる

思い切って試してみれば、「なんだ、意外と通じるものだな」と、わかっていただけるはずです。「英語ができなくても一流のおもてなしができる」というのは、事実なのです。

外国人の方々が困っているときは、ぜひ力になってあげてください。それはきっと、あなたにとっても良い体験、良い思い出になるはずです。

世界の人々と触れ合うことにより、あなたの視野が広がり、世界観も変わり、近い将来、あなたの望む方向に何かが動き出すに違いありません。

広い世界も意外と狭い

これまでは外国や外国人に接することが少なかったとしても、今後はそうした機会が増えていくでしょう。

世界中で人々の行き来が増え、広い世界も意外と狭くなった今、日本国内にいてさえ、思わぬところで思わぬチャンスに出会う確率が高まっています。

人との出会いを大切にし、「おもてなしの心」を実践して、あなたの可能性を大きく広げていってください。

4　おもてなしは現地主義で

「困った」を困らなくするために

本章では、日本を訪れた外国人がちょっと困っていることについて書いてきました。そのちょっと困ったことを解決するためのヒントを、別の視点から、もう一言だけつけ加えておきます。

郷に入っては郷に従え

世界のマナーを学んでいくと、「Local Customs Respected」（現地主義、現地の習慣を尊重する）という言葉に行き当たります。

現地主義とは、旅先では現地の習慣やしきたりに従うのが良い、という意味で、「郷に入っては郷に従え」ということです。

異なる国や地域のお客様をおもてなしするときや、私たちが海外旅行をする際にも、これはぜひ頭に入れておきたいことです。

外国を訪れる人は、現地の生活スタイルを体験することを楽しみにしていることが多く、自分の国のスタイルしか受け付けないという人は、どちらかというと少数派でしょう。
日本を訪れたお客様にとって、日本の文化やしきたりが、最初は奇異に映ったり、困ったり、戸惑ったりしたとしても、すべてに裏づけがあることを理解していただくチャンスです。

現地主義のおもてなしにより、日本の魅力をたっぷりと味わっていただきましょう。限られた時間の中で、一つでも多くの異文化体験をしていただき、良い思い出を増やしていただけたら、本当に嬉しいことです。

日本では、年長の男性を上座にご案内

京都のある老舗料亭には外国人のお客様も多く来店されるのですが、その料亭の女将が、「レディーファーストが大事なのはわかるけれど、若い女性を上座にというのは、どうにも違和感がある」と、言っていました。日本では、年長の男性に敬意を表し、上座にご案内することが習わしとなっているからです。

長い時間をかけて培われた習わしを安易に手放すことなく、「日本ではこうするのですよ」と外国人のお客様に説明すれば、「おお、そういうことなのか」と、理解と興味を示してくださる可能性が大です。

屋内では靴を脱いでいただき、「どうぞお楽に」

外国人、特に欧米の人々は、靴を脱いで部屋に入る習慣がありません。けれども、日本の旅館や料理屋さんでは、多くの場合、玄関で靴を脱ぐことが求められます。

これに抵抗感があるという外国人もいて、女性の場合は特に、靴を脱いで素足になることはセクシャルな意味を持っているので、戸惑う人もいます。

でも、「郷に入っては郷に従え」で、思い切って靴を脱いでいただくようにすすめるのも悪いことではありません。

日本の習慣を押しつけるというのではなく、「くつろいでいただけますよ」と、お客様にとってメリットになる点を説明しましょう。また、お客様用に、清潔なスリッパなどの室内履きを準備しておくと安心していただけます。

蕎麦はすすっていい

ほとんどの外国人は、スパゲッティなどの麺類を食べるとき、音を立てて食べることを嫌います。

でも日本では、お蕎麦やラーメンは音を立てて、すすってこそ味わいが増すのだし、マナー違反ではないとされています。すすることによって、麺類についたタレが同時に口の中に入って、味わい深くなるのだそうです。

というようなことを外国人に説明すると、「日本でしかできないから、じゃ、自分もやってみようかな」となるかもしれません。そのときは、思い切ってすすってもらってください。ただし、相手が嫌がる場合は、無理にすすめないほうがよいでしょう。

「お通し」は無料サービスにあらず

居酒屋などで、季節の和え物などを小鉢で出されると、「あ、お通しだな」と日本人は了解します。そして、暗黙の了解として、お通しの代金も支払います。

しかし外国人の場合は、必ずしもそうはいきません。わずかな額でも請求書を細かくチェックし、オーダーしていないものまで料金を請求されたと不愉快に思う人もいます。お通しは有料だということを、前もって説明するか、お通しをお出ししてよいかどうかを確認することが必要です。

素早い計算ワザが不審がられることも

日本では、たいていどこの店にもレジがあり、ない場合も、店員さんがさっと計算してお釣りを手渡してくれます。それがあまりに素早いので、本当に計算が合っているのだろうかと不安になってしまう外国人もいます。

もしも不審そうな顔をされたら、たとえ面倒でも、レシートと現金を照らし合わせて一緒に確認するようにしましょう。

できるだけ早く誤解を解くことが重要です。そのまま放っておくと、お客様の気持ちは不安から怒りに変わらないとも限りません。

「日本ではこうするのですよ」と、誠意をもって説明し、現地主義で外国のお客様をおもてなししましょう。お客様に誤解も不安もなく、日本での滞在を楽しんでいただくことは、この上ない喜びです。

コラム2

包装紙には浮世絵が使われていた

昔の日本は、今よりもずっとエコ意識が高く、特に江戸時代は、どんなものも無駄にせず、上手に使い回しをしていたようです。

当時は鎖国状態でしたが、長崎の出島からオランダ経由でヨーロッパ各国へ、陶磁器が輸出されていました。大切な商品の陶磁器が割れてしまわないようにと、一つずつ丁寧に紙で包まれていたのでしょう。その包み紙に、版画を刷るときに失敗した紙や、古くなった浮世絵や錦絵が使われていたそうです。

ヨーロッパの人々は、そのあまりにも美しい包装紙を見て、大変驚いたといいます。

それ以来、この浮世絵や錦絵の包装紙をコレクションすることが流行し、浮世絵を美術品として買い求める機運が高まったとされています。

その後、フランスを中心としてヨーロッパ各地に広まった「日本趣味」は「ジャポニズム」と呼ばれ、その色彩感覚、大胆な構図などがもてはやされました。

ジャポニズムがあったからこそ絵画の表現方法が進化し、やがて印象派が生まれたとされています。

第5章　絶対にやってはいけない！　NG例

1　マナーに対する考え方の違い

礼儀作法とマナー、おもてなしの違い

日本では、マナーのことを「礼儀作法」ととらえ、「作法を知らずに恥をかいたりすることのないように」と気を採んでいる人が少なくないようです。

一方、主に欧米では、形式にこだわることなく、また、見返りを求めたりせず、「その方に喜んでいただくにはどうすればよいか」と心を配ることがマナーの本質だとされています。

正しい握手の仕方や、国によってタブーとされていることを頭に入れておくことは必要ですが、それ以外のことは、あまり堅苦しく考えることもないでしょう。

日本語の「おもてなし」という言葉も、どちらかというと、礼儀や作法のことではなく、相手に対する心遣いをあらわしています。

「満足していただくには何が必要か」という心遣いがあるかないかにより、相手の満足度は大きく左右されるでしょう。生活習慣の違いなどから生じる違和感や不快感も、そこに心遣いが感じられると、ぐっと軽減されます。

外国人をおもてなしするには、欧米流の礼儀作法を体得しておかなければならない、ということはありません。外国の作法や言葉を知らなくても、おもてなしの心を示すことはできます。

日本人のここが残念

おもてなしの心を伝えるには、相手に対して心を開き、積極的に関わっていくことが必要です。ところが、この最初の第一歩でつまずいてしまう人は少なくないのです。

何よりも残念だと思うのは、相手が外国人だというだけで拒絶モードになってしまう人が多いことです。外国人に声を掛けられると、拒絶したり、逃げ出したりというのは実際によくあることです。

日本人から見て、外国人はたしかに異質な存在ですが、日本の人々と触れ合おう、日本を楽しもうと期待に胸ふくらませてやってきた、大切なお客様です。

自分のお店や会社のお客様でなくても、「ようこそ日本へ」というあたたかい気持ちでお迎えするようにしたいものです。

そして、外国人観光客がこのまま順調に増え続ければ、観光収入によって日本の経済はいっそう潤うはずです。私たち一人ひとりが日本人の代表として、観光立国に貢献しようとする意識も大切かもしれません。

外国人に無理に合わせることはない

一方で、必要以上に外国人の歓心を買うことはありません。これも前に述べたとおり、やり過ぎは禁物なのです。

思わず笑ってしまうようなケースでは、日本人が外国人の真似をして、机の上に足を乗せて、おおげさなジェスチャーで話をする、などということもあります。いえ、笑い話ではなく現実にそういう人がいたのです。これは私たち日本人だけでなく外国人から見ても、奇異な感じがするでしょう。そんなに無理しなくてもいいのに、と思ってしまいます。

私の失敗談

実は以前、私はある失敗を経験しています。友人のオーストリア人女性が来日したとき、これを日本のお土産としてプレゼントしたら、きっと喜んでもらえるだろうと、小さな焼き物の壺（花瓶）を買って来て手渡したのです。彼女は喜び、その場で包みを開けました。ところが少し困ったような顔になり、「This is too much.」（多すぎるわ）と言ったのです。街で買えるごくふつうの焼き物でしたが、日本のことをよく知らない彼女の目には、高価な品に映ったのでしょう。それに、割れやすい物はスーツケースに入れるにも気を使います。

喜ばれる日本のおみやげ

それ以来、私は贈り物をするときは、相手の負担にならないものをと気をつけるようになりました。

日本の風呂敷、手ぬぐい、扇子、うちわ、箸などは、軽くて手頃なので、お互いに負担になりません。

漢字がプリントされたＴシャツも人気です。日本独特の図案が施されているという点、日常的に楽しむことができるという点でもおすすめです。

そして、街の文房具屋さんへ行けば、日本以外では絶対にないような文房具がたくさん見つかります。たとえば、カラフルなノートやボールペン、付箋などは、「高機能で便利、可愛い、安い」と外国人も大喜びで、ごっそり買って行く人もいます。ちょっと変わったデザインのＵＳＢメモリーなどもおすすめです。

海外からのお客様は、日本にしかない物を見つけることに貪欲です。そうした要望にさりげなく応えることが、良いおもてなしになります。

2　誤解されやすい言葉

「外人」という言葉

外国人のことを「外人」と言ってしまうことは、よくあります。「外人」と省略して言ったほうが楽だからという理由で使うようになった言葉だと思いますが、よく考えてみると、「外人」というのは「外の人」という意味です。「内の人」と「外の人」を分けるという、排他的な意識がそこには潜んでいるのかもしれません。

私たち自身が言葉の裏側の意味に気づくよりも先に、外国人はその響きや口調から、なんとなく嫌なニュアンスを感じとっているようです。

私は外国からの友人を銀座や鎌倉へ案内することがあるのですが、「外人」「外人さん」という声が聞こえてきて、そのたびに友人が複雑な顔をするのを目にしています。

最近では「外人」と呼ばれても平気だという人もいますが、あまり気分の良いものではないでしょう。悪意はないとしても、相手の気分を害することもありますから、やめたほうが良い言葉です。「外国人」という言い方なら、失礼にあたりません。

さらに望ましいのは、外国人を見て、いちいち「外国人」などと言わないことです。

「Sorry」を言うときは気をつけて

私たちは日常、「ありがとうございます」と言うべき場面で「すみません」と言ったりします。手土産や贈り物をいただいたときなども、謝る必要などないのに、「まあ、すみません」と言って頭を下げてしまうことは珍しくないでしょう。

外国人から見ると、それはとても不思議なことのようです。

たとえば、ホテルやレストランなど公共の場で、外国人は自分のすぐ後にそこを通る人のために、ドアを開けて待つことをマナーとしていますが、日本人が「Sorry」と言ったり、お辞儀をしたりすると、違和感を覚えるそうです。

「Sorry」と言うときは、その場の状況に見合っているかどうか、ちょっと考えてみる必要があります。もし、人にぶつかってしまったときは、「Sorry」ではなくて「Excuse me」と言えばよく、それで何の問題もありません。

「Please」を使っても失礼な言葉遣い

外国人の方に、「どうぞ腰掛けてください」と言いたいとき、あなたなら何と言いますか。

「Sit down」というのでは、「座れ」と命令しているように感じられます。

それでは、「Please sit down.」と言えば、「どうぞ座ってください」という丁寧な表現になるでしょうか。残念ながら、相変わらず命令口調であることに変わりはありません。

「Sit down, please.」と言えば、同じ命令形でも、少し柔らかく感じられます。「Please」を付けるなら、文の最初ではなく最後に付けたほうがよいでしょう。

さらには、「Sit down」という、高飛車な印象を与える言い方をせず、「Please be seated.」と言えば、「どうぞ、椅子にお掛けください」という意味になり、相手は気持ちよく従うことができます。

「Yes」と「No」だけではぶっきらぼう

たとえば、お店の入口から外国人が顔をのぞかせて、「May I come in?」（入っていいですか？）と尋ねているとき、どう答えればよいでしょう。

「どうぞ、お入りください」と言いたいときは「Yes」でしょうし、営業時間外ならば「No」でしょう。

ここで、「Yes」または「No」をはっきり伝えるのはよいのですが、ただそれだけだと、ぶっきらぼうな印象になり、相手に失礼です。

「Yes, please.」あるいは、ちょっと乱暴ですが、「No, closed.」というように、一言つけ加えるようにすると、ぐっと印象が良くなります。

3　外国人が嫌がる振舞い

裏側Ｖサインに要注意

私たちがふだん何気なくしている動作や行動の中に、実は外国人にとって、とんでもなく悪い意味がこめられている場合があります。これはぜひとも気をつけてください。

たとえばＶサインです。「Ｖ」は「Victory」のＶで、勝利を表します。また、「Peace」つまり「平和」を愛することを表します。

ところが、Ｖサインは Ｖサインでも、手の甲の側を相手に向けると、欧米では「クソくらえ」という意味になって、相手を侮辱してしまうのです。

お金を示す手つきが卑猥な意味に

親指と人差し指で輪をつくると、日本ではたいていの人が「ＯＫサイン」だと解釈するでしょう。手の向きにより、「お金」を意味することもあります。

「お金」という直接的な言葉を使う代わりに、指で輪を作って暗に示すことはよくあるのですが、この動作は、ブラジルでは卑猥なことを意味しますので、ブラジルの人の前では決して使わないほうがよいでしょう。

小指を立てると危険

ちょっと意味ありげに小指を立てて見せられると、「女性の恋人、愛人」のことだなと、私たちにはわかります。

ところが中国では、右手の小指を立てるのは人を侮辱するジェスチャーです。くれぐれも注意しましょう。

指きりのポーズは「敵対」を表す

日本では、約束事をするとき、お互いの小指と小指をからめて約束をする、という習慣があります。

その指切りげんまんのポーズは、タイでは「友情」を表します。日本よりも、やや深い意味がこめられているといえるかもしれません。

一方、アラブ文化圏では、からめた小指をはずすことにより、「我々は敵だ」と宣言したことになります。

つまり、「指切り」をするということ自体が、お互いに険悪な関係であることを示すというわけです。

これだけはやってはいけない指のサイン

欧米では裏ピースは
人を侮辱するサイン

お金、OKのつもりでも
ブラジルでは卑猥な意味
になる

中国では小指を立てるの
は人を侮辱するサイン

アラブ圏では組んでいた小
指をはずすと「我々は敵だ」
と宣言することになる

「人差し指」とはいっても、人を差すのはＮＧ

欧米社会では、人を指差す行為は失礼なこととされています。それは、ピストルを構えるしぐさと同じであるとされ、相手を非難する場合に意識的にする行為なのです。

子供の頭を撫でてはいけない

大人が小さな子供の頭を撫でるのは、親しみと愛情をこめた挨拶のようなもの、と私たち日本人は思っていますが、そうは解釈しない国々もあります。

アジアの国々、特にタイでは、子供の頭は神聖な場所とされ、触れることはタブーとされています。

視線をそらすのは「怪しい」動作

先述のとおり、話をするときは、できるだけ相手の目を見て話すようにすることが大事です。

しかし、日本人はこれが案外苦手で、すぐに目をそらしてしまうようです。

「シャイなんですよ」と皆さん、言い訳のようにおっしゃいますが、外国人にその言い訳は通用しません。

目を合わせようとせず、視線をそらしてばかりいる人は、「不誠実」「信頼できない」と思われてしまいます。

腕組みのポーズは拒絶を示す

考え事をしているとき、私たちはつい無意識に腕組みをしていることがありますが、これは外国人にとって、「敵対していることを表す」「相手をブロックしている」と受け止められます。

口では「ウェルカム」と言いながら、腕組みなどしていれば、外国人はその言葉よりも腕組みポーズのほうを真実だと思ってしまうでしょう。

鼻をすするのは気持ち悪い

欧米では、大きな音を立てて鼻をかんでも良いとされています。美しい女性がハンカチを手に、人前でも平気で鼻をかんでいるのを見て、最初は私も驚きました。でもヨーロッパではそれが当たり前なのだと、今ではすっかり慣れました。

欧米の人々は、鼻をかむ「チーン」という音に不快な思いをすることはなくても、鼻をすする音は生理的に我慢がならないようです。私たちも風邪をひいたときなど、外国人の前ではそうしたことにも気を配るようにするとよいでしょう。

酒を飲んでも飲まれるな

酒を飲んで「酔っ払う」のはとてもみっともないことだと、外国人は考えているようです。日本へ来て、酔って駅や公園のベンチで寝ている人がいたりすると、「軽蔑してしまう」という外国人は多いのです。

もちろん、お酒に酔うことが悪いというわけではなく、正体をなくすほど飲んではいけない、自分の言動に責任が持てない状態になってしまうのは恥ずべきことだ、ということなのです。

ゲップをするのは最悪

外国人と食事をご一緒するとき、ぜひとも気をつけたいのが、音を立ててスープをすってはいけないとか、ナイフやフォークでガチャンと音を立ててはいけないということよりも、ゲップをしないということです。人前でゲップをするのはマナー違反の中でも、最も嫌がられるものです。

4　ニヤニヤ笑いは間違いのもと

日本人の曖昧で意味不明な笑み

何年か前に、海外で起きた事件に邦人が巻き込まれて死亡したと、テレビでニュースが流れました。被害者の夫人が報道陣との会見に応じたのですが、なぜか夫人が時々微笑みを浮かべるのを見て、私は妙な気持ちがしました。

「涙を見せず、気丈な妻だ」と感心なさった方もいるかもしれませんが、私と同じように外国人の多くは、「最愛の夫が亡くなったというのに、どうして笑っていられるの？」と不思議に思ったようです。

この例に限らず、日本人の曖昧で意味不明な笑みが理解できず、時として気味が悪いと感じてしまうという外国人は少なくありません。

笑ってごまかそうとしていませんか

私たち日本人が、曖昧な笑みを浮かべてしまうのは、ちょっとした失敗をして恥ずかしいとか、照れ隠しのためということがほとんどでしょう。

人に何か聞かれて答えなければならないときに、言葉がよく聞き取れず、笑ってごまかそうとすることもあります。

相手は返答を待っているというのに、首をかしげてモジモジしたり、ニヤニヤ笑ったりするだけでは、相手も困ってしまうでしょう。何を聞かれているのかわからないのなら、「わからない」と言うか、周囲に協力を頼むか、とにかく態度を明確にしてほしいと思っているに違いありません。

「わからない」とはっきり言う勇気を持とう

聞かれたことにきちんと答えようとせず、ただニヤニヤしていると、相手は「許可された」「OKだ」と思って行動し、その結果、思わぬトラブルに発展する恐れがあります。笑顔に逃げてはいけません。わからないときは「わからない」とはっきり言う勇気を持ちましょう。

よくわからないまま安請け合いをしたり、早とちりをして、相手の求めているのとは全く異なるアドバイスなどしてしまうと、とんだ迷惑をかけてしまう場合もあります。

何を求められているのかはっきりわかるまで、何度も聞き返すのは悪いことではありません。

5　マナー違反をしたときは

日本語で「すみません！」

あなたが夏に京都へ観光旅行をし、祇園祭の華やかな山鉾巡行を写真に撮ろうと腕を伸ばしたら、前列で見ていた外国人女性の頭にカメラが当たってしまったとしましょう。

こんなときは、お互いにはっとして顔を見合わせるはずです。その女性のほうは、明らかに驚きと怒りの感情が顔にあらわれています。あなたは頭の中が真っ白になってしまい、どうしていいかわかりません。

そんな場面でこそ、「すみません！」と言って頭を下げましょう。

とっさに英語や中国語が出てこなくても、日本語で「すみません」と言って心から謝ればいいのです。

外国人旅行者は、前もって日本の習慣を学んでいることが多いので、あなたが頭を下げて何か言っているのを見れば、その意味を理解し、きっと許してくれると思います。

この例のように、思わぬアクシデントに見舞われたときも、誠意をもって対処すれば、たいていの場合は問題がこじれる心配はないでしょう。

まず一言、「ごめんなさい」

混雑している中で偶然相手の体に触れたり、ぶつかったりしてしまったときは、その場で「ごめんなさい」と謝れば、日本人でも外国人でも、腹を立てる人はまずいないといってよいでしょう。

逆に、人が腹を立てるのは、他人にぶつかったり足を踏んだりしてもお詫びをしようとしない無神経な態度に対してなのです。

特に欧米では、道を歩いているときや電車に乗っているときにちょっと体が触れただけでも、「Excuse me」と言い合うことが自然に行われています。

様々な国の人と、様々な場面を共有することが求められる時代です。多くの人と出会い、相手の国の文化や習慣を知って、良いところは受け入れ、日々の生活に活かすようにしたいものです。

場の雰囲気をこわさないようにすることが大事

決して悪気はないのだけれど、マナーに反することをしてしまい、相手に不愉快な思いをさせるということが、往々にして起こり得ます。

たとえば、

・急いでいたのでつい、相手の目の前でドアをバタンと閉めてしまった。
・食事中に手もとが狂って水をこぼしてしまった。
・しゃっくりが止まらなくなった。
・ゲップをしてしまった。

というようなことが、いつ、どこで起こらないとも限りません。

そんなとき、必要以上に恥ずかしがったり、自分を責めたりしないでください。自分を責めれば責めるほど気持ちは萎縮して、良い雰囲気を回復することが難しくなります。

マナー違反をしたといっても、それは不本意にもそうなってしまったことなのですから、「失礼しました」「Excuse me」と一言お詫びをすれば済みます。

お詫びの言葉を口にしたあとは、にっこり笑って、素早く気持ちを切り替え、何事もなかったようにいつもどおりに堂々と、エレガントに振舞うようにしてください。

その場の雰囲気をこわさないようにすることが大事です。

コラム3

一期一会と和敬清寂

皆さんは「和敬清寂」という言葉を聞いたことがありますか。「和敬清寂」は茶道に由来する言葉で、「一期一会」と同じく、「茶道とはおもてなしの心である」ことを表しています。

一期一会とは「あなたとこうして出会っているこのときは、一度きりのものです。だから、この一瞬を大切に思い、今できる最高のおもてなしをしましょう」という意味です。

一方、和敬清寂は、「もてなす側ともてなされる側が互いに心を開いて、敬い合い、清らかな雰囲気の中、静かな心でお茶席を楽しむための心得」のことです。一字一字に意味があり、そこにお茶の心がすべてこめられているといわれています。

「和」は、お互いに心を開いて仲良くすること。
「敬」は、お互いに敬い合うこと。
「清」は、外見も心の中も清らかであること。
「寂」は、どんなときにも動じない心でいること。

日本文化と日本人の心の原点は、この「一期一会」と「和敬清寂」という言葉にこめられた「おもてなしの心」にあるのではないかと私は思っています。

第6章　日本人だからできる「本当のおもてなし」

1　日本人と外国人の大きな違い

ドイツ留学で衝撃を受けたこと

海外、特にヨーロッパやアメリカ大陸の人々と日常生活を共にして、私なりにわかったことがいくつかあります。その中から一つ、私たち日本人と彼らとの大きな違いについて、お話したいと思います。

今から20年ほど前、私はドイツ南部の小さな町にある、ドイツ語学校で学んでいた時期があります。そこではイギリス、イタリア、ロシア、北アメリカ、南アメリカ、中東、アジア各国など、様々な国の学生たちと机を並べていました。

入学当初、私はワクワクしながら、つたないドイツ語でクラスメイトと会話をしていました。そうしたほうが語学の上達は早いし、世界中の話題が聞けると思ったからです。

信じられない自分の行動

ところが、数週間もすると、話をするのも一緒にランチを食べるのも日本人同士になっていました。気がつくといつしか日本人グループができあがっていて、私もその仲間入りをしていたのです。これには、自分のことながら衝撃を受けました。それ以前も海外生活を経験し、外国人とのつきあいも長かったのに、と自分自身が信じられない思いでした。

なぜそうなったのか、今にして思えば、たとえば日本の食べ物や習慣など、外国人にとって見たことも聞いたこともないものをドイツ語で説明するのは、当時の私の語学力では至難の業だったからです。「なぜ？」「どうして？」「それは何？」「どういうこと？」「そんなの変じゃない？」などと、何度も繰り返し質問されることにも次第に閉口してしまったからなのです。

外国人に「以心伝心」はない

ヨーロッパや南アメリカから来た留学生たちは、言葉は適当でも、ジェスチャーをたっぷり交えて笑顔で会話を楽しみ、おおらかに皆とつきあっているようでした。

「何から何まで、相手が納得するまで説明することに疲れてしまわないのかしら」

私たち日本人留学生は、そんな思いを共有していたと思います。そう、日本人同士なら当然のように、「以心伝心」が成立していたのです。

しかし、外国人には以心伝心が通じません。お互いが納得するまで徹底的に話す、というのが彼らのやり方でした。

わかり合えなくて当たり前

留学していたときのことを振り返ると、広い世界を知るせっかくのチャンスだったのに、残念なことをしたと思う点がいくつもあります。

日本は海に囲まれた、ほぼ単一民族によって形成された島国です。困ったときは助け合うという精神によって、以心伝心という日本特有の文化がはぐくまれたのではないでしょうか。

私も日本人の一人として、言葉にしなくても心が通じることを素晴らしいことだと思っています。ただ、日本人同士であっても、世代が違ったり、相手に対する思いやりがなかったりすれば、言葉が十分に通じてもわかり合えないこともあります。

ましてや相手が外国人となれば、生まれ育った文化が違うのですから、わからないのも当然です。そのことを強く意識して、もっといろいろな人たちと交流しておくべきだったと、今でもとても残念に思っています。

大切なのは言葉ではなく、伝えようとする気持ち

そうした後悔と反省点をふまえ、私は、言葉というものに対する意識をちょっと改めました。「相手に伝わることが一番重要だ」と考えるようになったのです。

現在、私が心がけているのは、外国人と話をする際は、できるだけ短いセンテンスで相手に訴えかけることです。

複雑な長い文章を組み立てる必要などありません。極端なことをいえば、単語一つで相手に通じる場合もあります。

言葉が足りないために説明が行き届かないときは、電子辞書を使ったり、紙にイラストを描いたり、ジェスチャーで示したりして、なんとか伝わるようにすることができます。

苦手意識を捨てて心を開く

正しい文法で、発音やアクセントも正確に、外国語で話ができるようにならなくても、こちらが何かを必死に伝えようとしていれば、相手も一生懸命に耳を傾けて理解しようとしてくれます。

意思疎通をはかる秘訣は、「伝えようとする思い」「お互いに理解し合おうとする気持ち」を強く持つことです。

自分を立派に見せようとする必要などありません。外国語だからといって身構えたりせず、苦手意識を捨てて、「何とかして伝えたい」と心を開くだけで、より良いコミュニケーションができるようになっていきます。

2　日本人女性の本当の美しさ

かつて、日本人女性は世界中の憧れだった

ほんの数十年前までは、日本人女性は海外で間違いなく人気の的でした。

切れ長の目、艶のある黒髪、優しい心遣い、しとやかな振舞いなど、日本人女性は世界中の人がうらやむような魅力を持っていたのです。

また、年齢を重ねても「少女のような体型」を維持していることも人気の秘密だと、外国人の友人から聞いたことがあります。

さらに、控えめで、声高に自己主張をせず、常に周囲に気を配り、美味しい料理を作ってもてなし、相手への心遣いを忘れない、といったことなどが美点だとされていました。

その評価が、近年は疑わしくなってきています。

女性も積極的に社会に出てバリバリ仕事をするようになったために、生活や意識が変わり、また、ウーマンリブやフェミニズム運動の影響もあって、しとやかだった日本人女性も控えめな態度や思いやりを失ってしまった、と言われるようになって久しいのです。

自信を持って振舞うには

それでは、外国人と接するとき、私たちはどのようにすれば、素敵な日本人女性として自信を持って振舞うことができるでしょうか。

それにはまず、敬意と思いやりをもって人に接することです。

外国人からコートを掛けてもらったり、荷物を持ってもらったりしたら、「優しくされて当たり前」などと思わず、素直に感謝しましょう。

ごく自然に、堂々と、「ありがとうございます」「嬉しいです」「お疲れでしょう」などと、感謝と思いやりの気持ちを言葉や態度で表現していきましょう。

一番大切なのは、相手を思いやる心をもって接することです。

たとえば、外国人の友人が雨の中、わざわざ会いに来てくれたときには、「どうぞ濡れた服を拭いてください」と、タオルを差し出すなど、相手のことを考えて行動するようにしましょう。

女性はこう振舞うと感じが良い

服装や外見は立派に大人の女性、それなのにキンキン声で「きゃー、可愛い！」「うっそー！」「信じらんな〜い！」などと騒いでいる女性の姿は、外国人にはことのほか不評で、

「日本の女性って、子供みたいだね」とがっかりされることもあります。

私たちは、電話で話をするときや、ちょっとあらたまった場で話をするときなど、ふだんよりも声のトーンを高くしてしまう癖があるようです。よそゆきの声にしようとすると、つい高い声が出てしまうのです。

外国、特に欧米では、大人の女性は少し低めの声で、落ち着いた口調で話します。そうしたほうが断然カッコいいし魅力的だとされています。

振舞いについても同じことがいえます。大人の女性は、何があっても、バタバタと走ったりしないものです。

着物と茶道に見る美しい日本人

着物を着ている女性は、動きがとても上品でたおやかで、エレガントそのものだと、男女を問わず外国人の多くが絶賛しています。

実際に着物を着た経験のある方ならおわかりのことと思いますが、動作はどうしても小さくなり、優雅に見えます。

それだけではなく、柔らかい絹の着物に身を包んでいるというだけで、なんともしっとりとした優しい心持ちになり、性格まで変わってしまうような気がします。

茶道の心得がある女性なら尚のこと、たとえ洋服を着ているときでも、ティーカップを手にとるしぐさ、歩く姿など、身のこなしのすべてがエレガントです。

そうした優雅な立ち居振舞いを身につけて外国人に応対したら、とても好感を持たれることでしょう。

私たちはもっと自信を持っていい

私たちは、実は自分が思っている以上にエレガントで、思いやりや心遣いを上手に表現する方法を、伝統的に受け継いでいるのではないでしょうか。生活様式が変わり、着物を捨ててパンツスーツで仕事をバリバリこなすようになっても、先祖代々受け継いだＤＮＡが、そう簡単に消滅するはずはありません。

そのＤＮＡを目覚めさせましょう。日頃から着物を着る機会をつくり、茶道の立ち居振舞いを身につけることによって、日本人女性の優雅さは一段と増すに違いありません。

また、日常的に畳の部屋で過ごすようにすると、お茶時のときのように、非常に洗練された優しい動きができるようになります。

そして、外出時は少し長めのタイトスカートをはいてみるとか、浴衣を着てみるというようにすると、思いのほかしとやかに、優雅に振舞うことができます。

3　信頼される日本人

嘘をつかない、必ず約束を守る、仕事が正確

外国人の目から見て、日本人男性のどんなところが素敵かと聞くと、「嘘をつかない」「必ず約束を守る」「仕事が正確である」という声が圧倒的です。

私たちにはごく当たり前のように感じられることですが、外国人にしてみれば、その当たり前のことがなかなか守られていないため、日本人に対して特別の信頼を寄せているのでしょう。

驚くほどの正確さ

ヨーロッパの国々では、電車や列車が遅れたり運休したりすることは、決して珍しいことではありません。国をまたいで走る長距離列車の場合など、30分遅れや1時間遅れなどということがよくあり、乗客もそうしたことに慣れっこになっているようです。

日本の公共交通機関は、自然災害や事故のあったときは別として、始発から最終まで、毎日きちんと時刻表のとおりに運行しています。

特に、新幹線の運行の正確さは、目をみはるものがあります。いつ、どこで乗っても１分の狂いもなく、発着します。

また、車輌内にゴミが散らかっているなどということもなく、常に清潔で、「さすが、日本の新幹線」と、私も新幹線を利用するたびに感心しています。

世界に誇る交通システム、新幹線

新幹線の運行が始まったのは１９６４年で、ちょうど前回の東京オリンピックが開催された年でした。それから今日までの約50年間に、新幹線全線の総走行距離は約20億キロで、これは地球５万周分にあたるそうです。そして、延べ乗客数は約56億人に上り、この50年間に列車事故による死者は出ていません（注1）。

この正確で安全かつ快適な交通システムを、半生紀も前に作り上げ、運用し続けているというのは、驚くべきことで、日本以外では考えられません。チームワークを大切にし、誠実でねばり強く、常に創意工夫を重ねるという、日本人ならではの長所が導き出した成果ではないでしょうか。

私たちは、このことをもっと誇りに思ってよいと思います。日本では当たり前のことでも、世界の人々にとっては驚嘆に値することなのです。

手早く、正確に、美しく

新幹線に対する人々の高い評価と同じく、日本人の仕事ぶりは、世界で高く評価されています。「誠実である」「ごまかしがない」「作業が正確である」「仕上がりが美しい」「忍耐強く、最後まで諦めない」といったことが、とても貴重なこととして、人々の尊敬を集め、あつい信頼を寄せられています。

こうした長所を、おもてなしの場面にもうまく活かしていきましょう。

たとえば、お客様がお買い上げになった品物の合計代金をさっと計算し、紙に数字を書いて見てもらいます。お釣りの計算も手早く済ませ、お札はきちんと揃え、小銭は手に取りやすいようにして差し出します。この一連の動きさえ、外国から来たお客様に「すごーい！」と驚かれます。

商品の包装の仕方が美しいというのも、日本を訪れた外国人の多くが口をそろえて褒めちぎっていることです。日本のラッピング技術の高さに魅せられ、千代紙や折り紙をお土産に買って帰る人も少なくありません。

日本の良い点をたくさん見つけて楽しんでもらう

「日本の人は皆親切だ。それに街の治安も良く、スリや物乞いなどいない。電車の中でも居眠りができる。夜遅くなっても女性が一人で繁華街を歩けるほど安全だ」というように、日本の良い点をたくさん見つけてもらえると、嬉しいものです。

イギリス人の友人が我が家へ遊びに来たとき、近くの駅の切符売り場にサングラスを置き忘れたというので、あわてて一緒に探しに行ったことがあります。

それは高価なブランドもので、置き忘れてすでに2時間以上経っていたにもかかわらず、無事に友人の手に戻りました。駅の遺失物係に届けられていたのです。

「こういうところがこの国のいいところだね」と言われて、とても嬉しかったのを覚えています。

また、こんなこともありました。国連機関で働いていたとき、国際会議に参加する学者が、発表する予定の資料を、タクシーに置き忘れてしまったというのです。資料をプリントしなおす時間もなく、その学者もスタッフの私たちも困り果てていました。

すると、会議が始まる直前、受付から知らせが届いたのです。タクシーの運転手さんが荷物の置き忘れに気づき、先ほど乗客を降ろした場所までわざわざ戻って届けてくれたというのです。こんなところにも、日本の素晴らしさがあらわれていますね。

（注1）朝日新聞2014年10月1日の紙面より

4 「サムライ」と「やまとなでしこ」の心

現代のサムライ

外国人が「日本人」と聞いて最初に思い浮かべるのは、侍や忍者だという説があります。私は、その現代のサムライに出会ったことがあります。

以前住んでいた都内のマンションの一室で、テレビドラマのロケが行われたときのことです。撮影クルーが大勢集まり、近所の人たちも見物に来ていて、どこか物々しい雰囲気さえ漂っていました。

そんなある日、私が仕事を終えて帰宅すると、スタッフの皆さんはちょうど打ち合わせ中だったようで、いつになくあたりは静まっていました。

立ち止まって挨拶をしてくださる俳優

私が廊下を歩いていると、向かいからスーツを着こなした姿勢の良い男性が近づいて来ました。俳優の真田広之さんでした。そして驚くことに、真田さんは私とすれ違うとき、立ち止まり、「お世話になります」と頭を下げて挨拶してくださったのです。

そのマンションの近くに、テレビ局勤務のドラマ制作スタッフが住んでいた関係で、それまでにも何度か近隣で撮影があり、いろいろな俳優さんをお見かけしました。その中で、わざわざ住人にまで気を遣って挨拶してくださったのは、真田さんだけです。

洗練された「サムライ」

真田さんは当時、時代劇にもよく出演なさっていました。その姿をテレビで見るたびに、美しい動作と表情に、ため息をついていたのは私だけではないでしょう。

絶え間ない訓練によって鍛え上げられた肉体と不屈の精神が、見る者の心を惹きつけるのはもちろんのことですが、実際にお会いしてみると、周囲への心配りもまた、見事というほかありませんでした。私はあのとき、真田さんに洗練された現代の「サムライ」の姿を見たような気がします。

「サムライ」のハリウッド映画

そういえば、タイトルに「サムライ」という言葉のつくハリウッド映画に、真田弘之さんも準主役として出演しています。彼が日本刀で戦う場面が、あまりにも格好よすぎるので、主役のハリウッドスターが嫉妬したのか、かなりカットさせたという噂もあります。

現代の「サムライ」とは、まさに真田さんが体現しているような、静かに燃える闘志を内に秘めた、礼儀を重んじる男性ではないでしょうか。

決して偉ぶらず、誰に対しても快く応対し、「お世話になります」「ありがとうございます」と挨拶ができる。そういうちょっとした心遣いのできる人は、男の中の男、洗練された「サムライ」という良い印象を与えます。

日本に、現代のサムライたちが増えることを願ってやみません。

強く、優しく、美しい、なでしこの勇姿

男性が「サムライ」なら、女性は「やまとなでしこ」でしょう。

現代の「やまとなでしこ」といえば、サッカー日本女子代表の「なでしこジャパン」が思い浮かびます。

なでしこジャパンのメンバーの中でも、澤穂希（さわ　ほまれ）さんは外国でも特に人気のある選手です。

澤穂希選手は、２０１１年ＦＩＦＡ（国際サッカー連盟）女子ワールドカップ・ドイツ大会にキャプテンとして出場し、日本サッカー史上初のワールドカップ優勝に大きな貢献を果たして、「得点王」と「ＭＶＰ」の二冠を達成しています。

アーモンドのような形の瞳に、長く美しい髪、ふだんはとてもおしとやかで、さらにはお料理上手な女性だとうかがっています。

その澤選手が「得点王」ならびに「ＭＶＰ」の表彰式に着物姿で臨んだときの優美さ、凛々しさといったら！　スポーツファンなら誰もが目を釘付けにされ、拍手喝采を贈ったといって過言ではないでしょう。優しい笑顔、他人を思いやる心遣い、凛とした立ち居振舞い、そして決して諦めない強い気持ち。

このような「やまとなでしこ」が増えると、私たちの周囲は、もっと笑顔に包まれて居心地が良くなると思うのですが、いかがでしょうか。

5　日本人だからできる「本当のおもてなし」

マナーの基本は思いやり、意識の高さ

マナーの基本は、相手に対する思いやりです。このことを常に頭におき、意識を高くもって、外国からのお客様をお迎えしたいものです。

そして、「嫌だな、不快だな」と感じることは、つとめてしないようにしていくことが、お互いに気分よく過ごすうえで欠かせない大切なことです。

東京オリンピック・パラリンピックを控え、外国人観光客が年々増え続けている今、日本の良さと魅力の数々を広く世界に知っていただく絶好の時期です。

サービス業に従事している方だけでなく、私たちも、外国人をもてなす達人になっていきましょう。心を開き、「よくいらっしゃいました」という気持ちをこめて、フレンドリーに接すれば、きっと喜んでいただけるはずです。

オープンマインドでフレンドリーに

では、具体的にどのように振舞えば良いかといえば、次のようなことが挙げられます。

・何か困っているような人がいたら、ちょっと立ち止まって様子を見守る
・自分にできそうなことがあれば手助けをする
・相手の立場に立って考え、行動する
・細やかな心配りをする
・目が合ったらにっこりする
・いつも笑顔を忘れない
・優しくソフトな言葉遣いと立ち居振舞い
・感謝の気持ちを忘れない

これを意識して行なうことで、素敵なおもてなしができる達人になっていきます。

オープンマインドで、フレンドリーに接することで、お互いにリラックスすることができ、不安など感じずに、さらに踏み込んだ話ができるようになっていくのです。

日本人の優しさ、あたたかさ、繊細さが伝わるような、一流のおもてなしが、きっとあなたにもできるはずです。

世界中からお見えになるお客様に、日本と日本人の素晴らしさを、堂々と自信を持って伝えてください。

コラム4

やまとなでしこ

なでしこジャパンというチーム名の語源ともなった「やまとなでしこ」という言葉は、日本人女性の清楚な美しさを「ナデシコ」の花に見立てて言われるようになったものです。

ナデシコは秋の七草の一種で、濃いピンク色の美しい花を咲かせます。

「やまとなでしこ」を漢字で書くと、「大和撫子」となります。

「大和」は日本のこと、「撫子」は「撫でるように可愛がっている子、愛しい子」を指します。

現代語に置き換えると、「日本の清楚で可愛らしいお嬢さん」といった感じでしょうか。

「大和撫子」は、美しく可憐な日本人女性の理想像としてとらえられています。

エピローグ　日本の美しいおもてなしの心があなたの可能性を拓く

日本や日本人のファンをつくる

外国の人々をどうお迎えするかということをテーマに、日本人としての心構えと具体的なおもてなしの方法についてお話ししてきました。

おもてなしやマナーという言葉から、「なんだか難しそう」「いろいろ面倒そう」と感じた方もいらっしゃるかもしれません。でも、基本さえ押さえれば大丈夫だということも、きっとご理解いただけたのではないでしょうか。

英語ができなくても、私たち日本人だからこそできる、一流のおもてなしがあります。外国から来た人々に、楽しく心地よく過ごしていただけるよう、心をこめておもてなしをすることにより、日本や日本人のファンをたくさんつくることができます。

あなたのファンを増やそう

おもてなしの心とマナーを大切にし、上手に表現できるようになっていくと、あなたのファンが増え、未来が大きく変わっていく可能性が高まります。

私の知人のY子さんも、大きく変わっていった一人です。知り合った当初は、どちらかといえば地味で目立たないタイプの女性で、そんな彼女に特別に興味を持つ人はあまりいないようでした。Y子さん自身もそのことを承知していて、「このままでは何も変らない」

と嘆いていたのですが、あるとき一念発起して、マナースクールに通い始めたのです。

それから間もなく、Y子さんの周辺で、空気の変化が起こりました。彼女のまわりに、笑顔の人が集まりだしたのです。私には、Y子さんのファンがどんどん増えているように見えました。

Y子さんはもともと、人への心遣いができる人だったのですが、そのあたたかい気持ちを相手に伝えるマナーを身につけ、上手に表現することができるようになったので、周囲の反応も大きく変わっていったのでしょう。

それはY子さんにとって、とても嬉しい変化だったに違いありません。一段と表情が明るく美しくなり、着るものも洗練されて、外見はよりいっそう磨かれていきました。その後、Y子さんは転職し、今では日々各界のリーダーに接する仕事をしています。

日本で一番エレガントな女性

これまでに私がお目にかかった方々の中で、最もエレガントで美しい女性は、皇后陛下の美智子さまです。

最初は都内の国連機関で催されたレセプションで、その次は、ご静養先の葉山の海岸で、直接お話をさせていただく機会がありました。

レセプションで拝見した美智子さまのお姿は、今も私の心の中に、宝物のように輝いています。そのときの美智子さまは着物をお召しになり、帯には月とススキの模様が描かれていました。ちょうどお月見の頃で、季節に合わせた美しい装いに目を奪われたのをよく覚えています。

そのとき、これも素晴らしいおもてなしだと、感銘を受けました。

美智子さまが、私たち一人ひとりと額がくっつかんばかりに顔をお寄せになり、お心をこめて話を聴いてくださるお姿にも感激いたしました。また、笑顔を絶やさず、優しい声でお話をなさるご様子に、「このように素晴らしい方が現実にいらっしゃるのだ」と、感激しました。そのときの感激は今も忘れることができません。

「エクセレントモデル＝素晴らしいお手本」を探そう

美智子さまのような方は特別として、皆さんの周囲にも、「あのような素晴らしい人になりたい」と尊敬し、憧れる方がいらっしゃるでしょう。その方はとても素敵な雰囲気を持ち、有能で、個性的で、幸せな方ではありませんか。

その方を「お手本」として、その素晴らしいイメージに近づく努力をしてみませんか。

実は、素敵な人になるのには、それが一番の近道なのです。

お手本が見つかったら、その人の話し方、手の動き、メモの書き方、姿勢、歩き方などをよく観察してください。その人はきっと、良いマナーを身につけているはずです。

そして、あなたのお手本となるような素晴らしい方のしぐさには、必ず他の人と違う動きがあるはずです。それを真似して、自分も同じようにやってみるのです。

観察して、真似をして、ということを毎日続けていくと、やがてそれが習慣となり、身についていくものです。

おもてなしの心があなたを変える

素敵なしぐさや歩き方、話し方を身につけるとともに、笑顔を忘れないこと、相手の立場に立って考えること、感謝の気持ちを持つことなども、どうぞ忘れないでください。

そうすれば、自分を幸せだと感じることができます。まず自分を幸せだと感じることが大事なのです。そして、その幸せを周囲の人々と分かち合おうという意識が、より美しいマナーとおもてなしの心を育みます。

美しいマナーとおもてなしの心があれば、あなたが「エクセレントモデル＝素晴らしいお手本」としている方のように、あなたのまわりにも自然に人が集まるようになります。

そしてその次は、あなたが誰かの「エクセレントモデル」になる番なのです。

男性はもっとオシャレに

男性の場合も、マナーが向上すれば人気も上向くという実例があります。

先日久しぶりに、何人かの同級生と会う機会がありました。その中の一人、Wさんという男性は、学生時代の成績は良かったのですが、正直にいって、あまりぱっとしない存在でした。それが今ではすっかり垢抜けて、洗練された紳士そのものに変身していたのです。えっ、これがあのW君？　と最初は目を疑いましたが、男性も変われば変わるものです。

その日の彼の服装は、仕立ての良いスーツに、きちんとアイロンがかかったワイシャツ、そしてネクタイの代わりに赤いアスコットタイを襟元に結び、それが彼の顔を引き立てていました。靴もきれいに磨いてありました。

こんなふうに、男性もオシャレをすると、自分自身が気持ちよく楽しく過ごせるでしょうし、周囲の反応も確実に変わります。ひとかどの人物、品格のある男性として、一目置かれます。

そのWさんも、かつての同級生たちの自分を見る目が変わったことに気づいたようで、また、そうした変化をごく自然に受け入れているようでした。誰に対してもあたたかい笑顔と気遣いを忘れず、堂々と振舞う姿が本当に素敵でした。

自分の世界を広げる

前述のＹ子さんやＷさんのように、よりいっそう魅力的な人物になっていくためには、単におしゃれをして外見を磨くだけでなく、マナーを身につけることが、とても大切です。そして、美しい物腰、知的で楽しいウィットに富んだ会話で人を魅了するには、幅広い知識と教養が必要です。

現在Ｗさんは、大学教授として働いているとのことでした。職業柄、国内外の様々な場所へ視察に行き、様々な人と出会って、幅広い知識と教養を体得する機会に恵まれていることでしょう。彼はそうして自分を磨き、現在の素敵な姿になったのだと思います。

日本と世界の文化、言語、音楽、文学、美術、そして植物や動物などの自然や、食べ物、飲み物、装いに至るまで、教養として身につけたいものは数限りなくあります。世界の情勢の変化に敏感でいることも大事です。そうした様々な選択肢の中から、あなたが一番興味のあることから始めてみませんか。

インターネットの普及により、世界中のありとあらゆる情報が手に入る時代です。好奇心の赴くままに、知識を増やしていくことができます。

もちろん、読書をすることもとても大事で、一冊の本からあなたの世界が広がり、可能性が開花していくことでしょう。

世界に視野を広げよう

インターネットを活用すると、とても効率よく情報収集をすることができます。特に動画を見ると、まるで世界中のことを知ることができるような気分にもなります。けれども、画像や音声を通して知る世界と、実際に体験する世界とでは、まったく違うものです。私たちはつい、そのことを忘れてしまいがちなので、気をつけないといけません。

現在、この地球上に200近い国があり、それぞれの国に独自の歴史と文化があります。人々はそのことに誇りを持ち、自国の風土に合った生活を営んでいます。その多様性と奥深さを知るには、やはり現地を訪れるのが一番でしょう。

JNTOによると、2015年6月の時点で、成田国際空港の国際線を利用した外国人の数が、日本人の数をついに上回ったそうです。また、旅行者数の合計は、海外から日本を訪れる人、日本から海外へ行く人それぞれが、年間1千万人をはるかに超えています。

このような時代に、日本に留まったまま世界を知らずにいるのは、実にもったいないことだと思いませんか。

世界を知れば日本の良さもわかる

知らない国々やそこに住む人々の生活に触れると、日本国内ではとうてい経験することのできない経験ができ、それだけ世界が広がります。

2泊3日の駆け足旅行、3ヶ月間のボランティア滞在、バックパッカーとして1年間放浪、4年間の留学など、人により様々な旅のスタイルがありますが、とにかく動いてみること、行動を起こすことが大切です。

旅をすることにより、経験に基づく知識が豊富になり、外から日本を知る良いチャンスにもなります。外国にいると、日本の良いところも悪いところも、冷静に見ることができるようになるのです。

世界に友人の輪を広げよう

世界への扉を開き、一歩踏み出してみましょう。

旅をすればするほど、自分自身の精神と肉体が強靭になっていくことを実感できるはずです。旅先で出会った人とその後もメールのやりとりが続き、お互いの国を訪ね合って、親友になることだってあるかもしれません。

あなたもぜひ、世界に視野を広げ、友人の輪を広げてください。

そして、あなたから世界に、日本の良さを発信していきましょう。日本の文化、日本人の生活などについて知っていただき、世界中の人たちとさらに仲良くしてください。

おわりに

おもてなしの基本は世界共通です。

「ようこそ日本へ。楽しんでいってくださいね」と、オープンであたたかい気持ちでお迎えし、相手の求めていることを察して、さりげなく行動に移すことで、日本や日本人に対するファンが増えるに違いありません。

言葉が通じなくても、笑顔で接すれば心が伝わります。それに加えて、身振り手振りのジェスチャー、電子辞書、タブレット端末など、おもてなしに役立つツールは多種多様にあります。

日本も私たちも、世界の人々に親しまれ、さらには尊敬されるようになっていきたいものです。民間外交というとちょっと大袈裟ですが、私たち一人ひとりが「世界をもてなす」という気持ちを持ち続けていれば、きっとファンは増えると私は確信しています。

そして、これからも広く世界に目を向け、人と人とのつながりの輪を広げていきたいと考えています。

読者の皆様にもさらなる素敵な出会いがありますようにと願ってやみません。そのために本書が少しでもお役に立つなら、著者としてこれにまさる喜びはありません。

本書を出すにあたってご尽力を賜りました、山口伸一様、小山睦男様、安藤智子様に、この場をお借りして心よりお礼を申し上げます。

そして、いつも応援してくれる友人たちと、温かく見守ってくれる最愛の家族に、ありがとうと心から感謝いたします。

最後に、私が子供の頃から、常に「思いやりの心」をもって、周囲に接することを教えてくれた母に、心から感謝の気持ちを伝えたいと思います。

２０１７年　春

水谷　智美

中国（中華人民共和国）

首都・国土面積・人口	・首都は北京で、国の面積は日本の約 25 倍 ・人口は約 13 億 5 千万人で、世界一を誇る
民族・宗教	・人口の 92%は漢民族で、その他の少数民族がいる ・宗教は道教、仏教、イスラム教、キリスト教など多彩
ことば	・北京語を標準とした「普通話」が中心
食事のタブー	・ホストより先に食事を始めないこと ・料理を全部食べるのは失礼にあたるので、少し残す
マナー注意点	・中国の人は一般的に話すときに手を使わないので、あまり大げさなジェスチャーはしないほうが良い

台湾（中華民国）

首都・国土面積・人口	・首都は台北で、国の面積は日本の約 10 分の 1 の広さ（九州とほぼ同じ） ・人口は約 2,300 万人
民族・宗教・政治体制	・国連非加盟国で、台湾を「地域」と呼ぶ ・宗教は道教、キリスト教、仏教など
ことば	・北京語（表記は繁体字）が中心で、福建語も多い ・日本語がわかる人もいるので発言には気をつける
マナー注意点	・挨拶はお辞儀ではなく握手をする ・名刺や書類の受け渡しをするときは両手で

【主要国のインフォメーション】

香港（中華人民共和国香港特別行政区）

首都・国土面積・人口	・面積は東京都の約半分 ・人口は約700万人
政治体制・宗教	・1997年に中国に返還されるまではイギリス領 ・宗教は仏教、道教、イスラム教、ヒンドゥー教など
ことば	・共通語は広東語（繁体字が多い）と英語
食事のタブー	・食事の際は、器に口をつけずにスプーンを使う
マナー注意点	・白い封筒は葬式用なので、お祝い事には絶対に使ってはいけない

韓国（大韓民国）

首都・国土面積・人口	・首都はソウルで、国の面積は日本の約1/4 ・人口は約5,100万人
宗教	・宗教はキリスト教、仏教のほか、儒教の影響が強い
ことば	・主にハングル
食事のタブー	・食器を手に持たず、テーブルの上に置いたまま食べる
マナー注意点	・正座は罰とされるため、無理に正座をすすめないこと ・目上の人の前では喫煙はタブー

タイ（タイ王国）

首都・国土面積・人口	・首都はバンコクで、国の面積は日本の約1.35倍 ・人口は約6,700万人
民族・宗教・政治体制	・タイ族75%、華人14%、その他マレー系など ・仏教（南方上座部仏教）95%、イスラム教4% ・国王と王妃は国民の尊敬を集めている ・王室批判などをすると不敬罪に問われることがある
食事のタブー	・お皿やどんぶり鉢を手で持ち上げたり、口をつけて飲んだりすることは、マナーが悪いとされる
マナー注意点	・子供の頭は神が宿る所なので、なでてはいけない

インドネシア(インドネシア共和国)

首都・国土面積・人口	・首都はジャカルタで、国の面積は日本の約5倍 ・人口は約2億3,700万人で、世界第4位
民族・宗教	・大多数がマレー系で、他にジャワ系など ・宗教は主にイスラム教、バリ島ではヒンドゥー教など
ことば	・公用語はインドネシア語で、他にジャワ語、バリ語など
食事のタブー	・イスラム教徒は豚肉を食べず、アルコールも飲まない
マナー注意点	・イスラム教徒の場合、同性と握手やハグをすることは構わないが、異性とは挨拶であっても握手やハグをしないほうが良いとされている

アメリカ（アメリカ合衆国）

首都・国土面積・人口	・首都はワシントンD.C.で、最大の都市はニューヨーク ・国の面積は日本の約25倍で、世界第4位の広さ ・人口は約3億2,000万人
民族・宗教	・様々な人種が共存している状態で、「人種のサラダボウル」と表現されることもある ・宗教はキリスト教79%、ユダヤ教 1.3%、イスラム教、仏教、その他
ことば	・英語（アメリカ英語）82.1%、スペイン語10.7%、その他
マナー注意点	・なにげなく女性に触れたとしても、セクシャルハラスメントと受け取られることがあるので注意が必要

ロシア（ロシア連邦）

首都・国土面積・人口	・首都はモスクワ ・国土面積は世界一で日本の約 45 倍、米国の約 2 倍 ・人口は約 1 億 4,300 万人
民族・宗教	・現在 182 の民族が存在しているが、80%以上は東スラブ系民族のロシア人 ・多くの民族が正教会の信徒で、キリスト教やイスラム教、ユダヤ教、仏教などの信徒も少なくない
ことば	・ロシア語が公用語で、他に各共和国の公用語として 26 言語がある
マナー注意点	・偶数と黄色い花は不吉とされているので贈らない ・人指し指で人を指すのは失礼な行為なので、てのひら全体を使って示す

（出典：Wikipedia 他）

著者略歴

水谷　智美（みずたに　ともみ）

オフィス・エンライティア代表
大手総合メーカーの研究職、医療機器会社の社長秘書職を経て、国連機関でエグゼクティブ・セクレタリーを11年間務める。

国連機関で多くの外国人や外交官などに学んだこと、そしてヨーロッパでの生活経験をベースに、独自のマナー理論を構築し、2010年に研修講師として独立。

現在は、世界に通じるマナー研修のほか、ストレスケアのセミナー、およびカウンセリングやコンサルティングを通じて、人材育成と能力開発に貢献している。

柔らかな語り口ながら確かな技術に基づく講座は、「楽しい、わかりやすい」と受講者に好評で「すぐに役立つ、結果が出るのが早い」と高い評価を得ている。

・マナー、ストレスケア研修講師
・産業カウンセラー、キャリア・コンサルタント
Website: http://www.enlightia.biz

イラスト：Hazi
写真提供：PIXTA

世界の人々をお迎えする「おもてなし」の心とスキル

2015年10月23日　初版発行　　2017年4月25日　第2刷発行

著　者　水谷　智美　©Tomomi　Mizutani
発行人　森　　忠順
発行所　株式会社 セルバ出版
〒113-0034
東京都文京区湯島1丁目12番6号 高関ビル5B
☎03（5812）1178　　FAX 03（5812）1188
http://www.seluba.co.jp/
発　売　株式会社 創英社／三省堂書店
〒101-0051
東京都千代田区神田神保町1丁目1番地
☎03（3291）2295　　FAX 03（3292）7687

印刷・製本　モリモト印刷株式会社

Printed in JAPAN
ISBN978-4-86367-230-7